고요로 가야겠다

# 고요로 가야겠다

도종환 시집

열림원

**추천의 말**

곽재구(시인)

/

  도종환의 시가 우리 곁으로 돌아왔다. 그가 현실정치에 몸을 담글 무렵 동무들의 염려가 없지 않았다. 성정의 밝음과 심지 굳음을 아는 나는 아무 걱정 말고 잘 다녀오시게, 손을 흔들어주었다. 난해한 정치판에 도종환 같은 향수제조업자가 들어가 판을 향기롭게 한다면 그 또한 아름다운 일 아니겠는가. 난해한 여행을 끝내고 돌아온 그에게 어찌 지냈는가, 밥맛은 있었는가 묻고 싶은 이들에게 이번 시집은 도종환스런 충직한 답변이 된다.

  처음 그의 시를 만나던 젊은 날부터 그의 시에 스민 페이소스를 사랑했다. 산전수전을 겪고 돌아왔을 그의 시가 지닌 페이소스는 여전하다. 굴참나무에 가리어진 언덕을 지나면 또다시 드러나는 든든한 산의 모습을 보여주고 분노 외에 가진 것이 없다면 사랑은 끝내 우리 곁에 다가올 수 없다고 얘기한다. 산방의 풀을 베고 돌아온 양말 속에서 떨어진 귀뚜라미의 다리 하나!

이 이미지가 가슴을 먹먹하게 했다. 종환은 발 떨어진 귀뚜라미를 걱정하지만 귀뚜라미는 본향에 돌아온 그에게 지울 수 없는 의미 하나를 남기고 싶어 한다. 다리는 가고자 하는 곳의 지향이며 꿈의 이정이다. 궁핍한 시절 원적지로 돌아온 동무에게 이보다 따뜻한 선물이 있겠는가. 귀뚜라미는 속삭인다. 동무여, 평생 지향한 바를 이곳에서 이루시오!

어둠의 시절과 빛의 시절을 이어주는 다리 하나! 우리 모두는 그 다리를 꿈꾸며 산다. 힘든 시절과 싸우는 세상의 모든 벗들이여, 사랑하는 이와 나란히 앉아 흐르는 물 위에 꽃을 띄우고 도종환의 시집을 읽자. 궁핍한 시절 서로에게 힘이 된 다리 이야기를 하며 귀지를 파주고 손을 잡고 지는 해에 입을 맞추자.

**추천의 말**

나희덕(시인)

／



 이 시집의 화자들은 폭풍의 시절을 지나 고요를 향해 나아가고 있다. 달리 말하자면, 소음과 고요 사이에, 겁탁과 지혜 사이에, 빛과 그늘 사이에, 밀물과 썰물 사이에, 참혹과 환희 사이에, 분노와 슬픔 사이에 있다. 그 사이 어디쯤에서 "마음을 가만가만 어루만지고 다독이"(「젖은 낙관」)며 숨을 고르고 있다. 절기에 따라 피어나는 꽃들에게 눈길을 주고, 젖은 꽃잎의 말을 알아들으려고 귀를 기울인다. 떨어지는 꽃이 축복처럼 내린다고 생각하며 그는 말한다. "세상에 나가 권력의 난폭함을 겪지 않았다면 / 세상을 안다 할 수 없"(「하직」)다고. 이제 "불 속에서 단련된 칼"이 "완전히 다른 칼로 거듭"(「불」)나듯이, 장아찌가 "곰삭을수록 향과 맛이 깊어"(「담양 장아찌」)지듯이, 시인의 고요가 잘 익어가면 좋겠다. 지순한 사랑의 노래도 올곧은 시대의 노래도 그 웅숭깊은 고요 속에 있을 것이다.

**차례**

추천의 말_ 곽재구(시인)·나희덕(시인)     5

## 이월
February

| | |
|---|---|
| 이월 | 22 |
| 소원 | 24 |
| 곡우 무렵 | 26 |
| 도토리 | 29 |
| 연두 | 32 |
| 수선화 | 34 |
| 벚꽃 | 36 |

## 고요
Stillness

| | |
|---|---|
| 고요 | 54 |
| 과도한 소망 | 57 |
| 들꽃 | 60 |
| 꽃들 2 | 61 |
| 꽃들 3 | 62 |
| 봄밤 | 63 |
| 봄날 아침 | 64 |
| 파랑 이는 날 | 65 |
| 부드러운 시간 | 66 |
| 그대가 내게 온다면 | 68 |
| 낙화 | 70 |

| 현자 | 71 |
| 운명 | 72 |
| 철쭉꽃 | 74 |
| 하직 | 75 |

# 달팽이
Snail

| 달팽이 | 84 |
| 바다 | 85 |
| 거리에서 | 86 |
| 산양 | 87 |
| 모이 | 88 |
| 비와 하프 | 89 |
| 너는 꽃이다 | 90 |
| 수련 | 91 |
| 애벌레 | 92 |
| 파도 | 93 |
| 여우비 | 94 |
| 그리운 날 | 95 |
| 사막 | 96 |
| 산 | 97 |
| 해변 | 98 |
| 피 | 100 |
| 저녁 | 102 |
| 목동의 별 | 104 |
| 젖은 낙관 | 106 |

## 슬픔을 문지르다
To rub away sorrow

| | |
|---|---|
| 슬픔을 문지르다 | 124 |
| 연화 蓮花 | 127 |
| 장일순 | 130 |
| 깊은 가을 | 132 |
| 늦가을 | 134 |
| 설선당 說禪堂 | 136 |
| 양 | 137 |
| 밤이 온다 | 138 |
| 어린 은행나무 | 139 |
| 고음 | 140 |
| 저녁 | 141 |

## 사랑해요
I love you

| | |
|---|---|
| 사랑해요 | 150 |
| 사과밭 주인 | 151 |
| 두 손 | 152 |
| 다리 하나 | 154 |

## 당신의 동쪽
The East of you

| | |
|---|---|
| 당신의 동쪽 | 168 |
| 굴참나무 | 170 |
| 두보초당 | 173 |
| 사과 한 알 | 176 |
| 늦가을비 | 179 |
| 귀뚜라미를 조상함 | 180 |
| 저녁연기 | 182 |
| 운동화 | 185 |

| | |
|---|---|
| 군무 | 188 |
| 겨울 벚나무 | 191 |
| 겨울 오후 | 192 |
| 아기 국화 | 194 |
| 저녁 | 195 |
| 새벽 세 시 | 196 |
| 바람이 분다 | 197 |
| 산다음山茶吟 | 198 |
| 어떤 꽃 | 200 |
| 페어 스케이팅 | 201 |
| 담양 장아찌 | 202 |
| 상봉 | 204 |

# 손
Hand

| | |
|---|---|
| 손 | 218 |
| 노래 | 220 |
| 저녁 바다 | 222 |
| 불 | 225 |
| 쉼표 | 226 |
| 툇마루 | 228 |

# 끝
End

| | |
|---|---|
| 끝 | 242 |
| 전화기를 끈다 | 244 |
| 계엄이 있던 겨울 | 246 |

| | |
|---|---|
| 작품 해설_ '사이'로 향하는 필생의 시·노지영(문학평론가) | 250 |
| 시인의 말 | 274 |

# 이월

February

입춘이 지나갔다는 걸 나무들은 몸으로 안다

한문을 배웠을 리 없는 산수유나무 어린것들이
솟을대문 옆에서 입춘을 읽는다

이월이 좋은 것은
기다림이 나뭇가지를 출렁이게 하기 때문이다

태백산맥 동쪽에는 허벅지까지 습설濕雪이 내려 쌓여
오르고 내리는 길 모두가 막혔다는데
길가의 나무들은 크게 동요하지 않는 눈치다

삼월도 안심할 수 없다는 걸 알지만
이월은 마음을 한결 가볍게 해주는 무엇이 있다

녹았던 물을 다시 살얼음으로 바꾸는 밤바람이
위세를 부리며 몰려다니지만
이월이라 생각하면 마음이 편해진다

지나온 내 생애도 찬바람 몰아치는 날 많았는데
그때마다 볼이 빨갛게 언 나를
나는 순간순간 이월로 옮겨다 놓곤 했다

이월이 나를 제 옆에 있게 해주면 위안이 되었다

오늘 아침에도 이월이 슬그머니 옆에 와 내가
바라보는 들판의 푸릇푸릇한 흔적을 함께 보고 있다

## 이월

입춘이 지나갔다는 걸 나무들은 몸으로 안다
한문을 배웠을 리 없는 산수유나무 어린것들이
솟을대문 옆에서 입춘을 읽는다
이월이 좋은 것은
기다림이 나뭇가지를 출렁이게 하기 때문이다
태백산맥 동쪽에는 허벅지까지 습설濕雪이 내려 쌓여
오르고 내리는 길 모두가 막혔다는데
길가의 나무들은 크게 동요하지 않는 눈치다
삼월도 안심할 수 없다는 걸 알지만
이월은 마음을 한결 가볍게 해주는 무엇이 있다
녹았던 물을 다시 살얼음으로 바꾸는 밤바람이
위세를 부리며 몰려다니지만
이월이라 생각하면 마음이 편해진다
지나온 내 생애도 찬바람 몰아치는 날 많았는데
그때마다 볼이 빨갛게 언 나를
나는 순간순간 이월로 옮겨다 놓곤 했다
이월이 나를 제 옆에 있게 해주면 위안이 되었다

오늘 아침에도 이월이 슬그머니 옆에 와 내가
바라보는 들판의 푸릇푸릇한 흔적을 함께 보고 있다

## 소원

올해도 소한 대한 지나며 폭설 퍼부을 것이다
사나흘씩 눈 쏟아져 산짐승 다니는 길도
사람들이 세상으로 낸 길도 다 지워지는 날
내가 찍은 내 발자국 데리고 고요도 데리고
더 깊은 곳에 깃든 내 집 찾아가고 싶다

올해도 청명 곡우 지나면 꽃사태 나고
남쪽에선 매화 산수유 벚꽃이 지천으로 필 것이다
꽃 보러 가고 싶은 마음 눌러 앉히곤 꽃출석부 들고 나가
뒤뜰에 오종종 핀 봄맞이꽃 주름꽃 꽃다지
출석 부르며 내 집 마당 먼저 꽃교실로 가꾸고 싶다

올해도 폭우 쏟아져 도시가 무릎까지 젖고
천둥과 번개의 번쩍이는 채찍이
인간의 마음과 캄캄해진 하늘을 쩍쩍 갈라놓곤 할 것이다
그때마다 오만과 허세와 어리석음을 속죄하고
가장 겸허한 언어로 기도하고 싶다

올해도 비명 소리 아우성 소리 골목골목 넘칠 것이다
듣지 말아야 할 소리가 있고
외면하지 않아야 할 목소리 있을 것이다
그 둘을 구분해 들을 줄 아는 귀와
균형과 중정中正의 지혜를 갖게 해달라 간구하고 싶다

올해도 가을 오면 굴참나무 잎은 지고 쓸쓸해질 것이다
그러면 나도 한 장의 낙엽처럼 우주의 부름에 귀 기울이고
순간순간이 은총이었던 날들과
아직도 내게 남아 있는 시간을 고맙게 받아들이며
마른 얼굴로 하늘 올려다보고 싶다

# 곡우 무렵

강물에 출렁이는 게
절반은 햇살 절반은 초록인데
가까이 가서 보니
흰 점들은 산벚꽃잎이네요
다 흘려보내지 못하고
잠시 맴돌게 하는 건
물가의 나무들에게도
작별의 시간이 필요해서일까요
산벚나무가 가지를 길게 늘어뜨린 채 출렁이는 게
꽃잎에게 무슨 말인가를 하는 듯하네요
꽃잎을 잃어버린 꽃술이 붉게 충혈된 건
소리 없이 흐느꼈기 때문일까 생각하는 동안
이별을 먼저 겪은 나무들은 꽃 진 자리에
연둣빛을 만들어 밖으로 꺼내고 있어요
꽃 없는 나무들은 이미 자기 생의 가장 빛나는
연두를 밖으로 불러냈고
연분홍과 어우러져

올해의 가장 아름다운 풍경을 빚어냈어요
곡우 무렵의 이 빛나는 풍경을
그대에게 보내고 싶어요
출렁이는 초록 물빛과 꽃잎으로 눈을 씻고
연둣빛과 연분홍을 가슴에 채우면 좋겠어요
그대 마음에 연둣빛 물이 들면 좋겠어요
극단의 시간이 지나고 평범한 날이 돌아온 게
얼마나 다행인지요
이런 평범한 하루를 연두와 연분홍으로 채우는
사월의 오후는 얼마나 고마운 시간인지요
평범한 날이 모여 인생이 되는 거지요
평범한 것들이 훨씬 소중한 거예요
평범한 그대도 그래서 내게
소중하고 특별한 사람이에요
바람은 솜털구름을 남서쪽에서 북쪽으로
천천히 밀어 보내고 가까운 숲에서
산꿩 우는 소리가 들려요

산꿩 우는 소리
물살이 돌 씻으며 내려가는 소리
어린 나뭇잎 사이를 지나는 바람 소리의
여리고 맑은 부분을 그대에게 보내고 싶어요
소음으로 밀려오는 시간을 밀어내고
이 소리로 그대 귀를 채우게 하고 싶어요
한 그루 나무처럼 거기 있는 그대에게
내가 오늘 만난 가장 반짝이는 빛깔
가장 아름다운 소리
가장 소중한 시간을
마음으로 바꾸어 보내고 싶어요
사월이라서
곡우 무렵이라서

## 도토리

마당 잔디밭 풀을 뽑다
반 뼘쯤 되는 상수리나무 새순이 눈에 뜨여
호미 끝으로 살살 캐보았더니 어린 뿌리 끝에
도토리 한 알이 따라 올라왔다
도토리는 언제 흙 속으로 내려갔을까
그 속에서 몇 번의 겨울
몇 번의 가을을 보냈을까
기다려야 할 때와 결단해야 할 때가
있다는 걸 어떻게 알았을까
캄캄한 시간 속에서 고독하게 기다리고
고독하게 판단하는 일을 어떻게 감당했을까
도움을 청할 어른도 이웃도 친구도 없는
어두운 흙 속에서
결정적인 순간이 왔음을 알아채고
새싹을 밀어 올리며 던진
첫마디 말은 무엇이었을까
그 애틋한 것이 상수리나무가 되리란 걸

어떻게 알았을까

제 살을 녹여 만든 어린싹이

마침내 땅껍질 뚫고 올라섰을 때

햇살도 만나고 바람도 만났다고 알려 왔을 때

얼마나 눈물겨웠을까

손에 들고 있던 어린 상수리나무 순과 뿌리를

산비탈에 다시 심으며

반쯤 몸이 남아 있는 도토리를 함께 묻으며

이것들끼리 주고받았을 말을 떠올렸다

씨앗이 결심하면 새싹도 결심한다

뿌리가 포기하지 않으면

나무도 포기하지 않는다

흙 속에서 살아 있으면

땅 위에서도 살아 움직이고

흙이 말하면

바람도 알아듣는다고 말했을까

도토리는 몸을 녹여 새순을 만들고

살을 덜어 뿌리로 내려보냈으리라
잘게 나누어진 도토리 뼈는 나무둥치가 되고
도토리 손은 나뭇가지가 되고
도토리 눈은 우듬지로 올라가
사방을 두리번거렸으리라
그렇게 여러 해가 흐른 뒤에
다시 수백 개의 도토리가 되었으리라
수백 개의 도토리들은 제 몸 안에
처음 그 도토리의 살과 고독과
결정적인 순간이 섞여 있다는 걸 모른 채
모자를 흔들며
가을바람에 그네를 타고 있었으리라

# 연두

말로 표현하는 데는 한계가 있어서
이렇게 빛깔로 드러냈어요
이게 제 마음이에요
제 안에 있던 것들이에요

형언할 수 없고
설명할 수 없고
이해하지 못할
많은 것을
햇빛에 녹여내고
바람에 씻어서
사월에
이렇게 보여드리고 싶었어요

한갓 나무에 지나지 않는 제게도
당신께 전하고 싶은 말이 있어서
이런 빛깔로 당신 앞에 왔어요

당신은 읽을 수 있겠죠
연둣빛 제 전부를

# 수선화

수선화처럼
아침 햇살 온전히 받고 서 있는
수선화처럼
평온한 얼굴로 하루를 시작하자
햇살 받아 빛나는 꽃처럼
나도 내 빛깔을 지닌 채
햇살 속으로 걸어가자
세상은 냉기 가득하고
흙먼지 몰아치는 날 많지만
담담하게 출발하자
내 안의 신성에 오늘 하루를 맡기고
지나온 날들에 감사하자
사소하고 작은 일에도 정성을 다하고
드러내려 애쓰지 않아도 환하게 보이는 꽃에게서
우리가 지녀야 할 그 어떤 것을 배우자
모레가 춘분이지만
아직 두려움에 떨고 있는 나무에게 다가가자

세상은 나 혼자
아름답게 바꿀 수 있는 곳이 아니다
외로운 것들끼리 서로 위로하자
꽃처럼 말을 많이 하지 말고
다만 있는 그대로 보여주자
상심한 이에게 따스한 힘이 되는 꽃처럼
모두에게 격려가 되는 꽃처럼
다가가자
수선화처럼

# 벚꽃

오늘은 핑계 대고 조퇴하자
벚꽃이 십 리 가득 피었는데
이렇게 의자에 앉아 있는 건
내 인생에 대한 예의가 아니다

고요

Stillness

바람이 멈추었다
고요로 가야겠다

고요는 내가 얼마나 외로운 영혼인지 알게 한다

고요는 침착한 두 눈으로
흘러가는 시간을 보게 하고
육신이야말로 얼마나 가엾은 것인지 알게 한다

고요는 내 안에 오래 녹지 않은 얼음덩이와
그늘진 곳을 보여준다
내가 버리지 못한 채 끌어안고 있는
오래된 상자를 열어 보여준다

그 안에 감추어둔 비겁하고 창피하고 나약한
수천 페이지의 문장들을 다 읽을 수 없다
내가 얼마나 부족하고 허약하며 자주
바닥이 드러나는 사람인지

고요는 이미 다 안다

내 안에는 타오르는 불길과
오래 흘러온 강물이 있다

고요는 그 불꽃을 따스하게 바꾸고
수많은 것을 만지고 온 두 손을 씻어준다

촛불 있는 곳으로 가까이 오게 하고
아직도 내 안에
퇴색하지 않고 반짝이는 것과
푸른 이파리처럼
출렁이는 것이 있다고도 일러준다

아직도 해야 할 일이 있고
가야 할 길이 있다고
지금 이대로도 괜찮다고 물 한 잔을 건넨다

다시 아침 해가 뜨고
어떤 절망의 순간에도

생은 계속된다고 조그맣게 속삭인다
다시 별빛을 바라보고
자신을 용서하고
용서하지 못한 것들은 신께 판단을 넘기고

고요의 끝에 왜
두 손을 모으게 되는지
물어보게 한다

바람이 멈추었다

고요로 가야겠다

## 고요

바람이 멈추었다
고요로 가야겠다
고요는 내가 얼마나 외로운 영혼인지 알게 한다
고요는 침착한 두 눈으로
흘러가는 시간을 보게 하고
육신이야말로 얼마나 가엾은 것인지 알게 한다
고요는 내 안에 오래 녹지 않은 얼음덩이와
그늘진 곳을 보여준다
내가 버리지 못한 채 끌어안고 있는
오래된 상자를 열어 보여준다
그 안에 감추어둔 비겁하고 창피하고 나약한
수천 페이지의 문장들을 다 읽을 수 없다
내가 얼마나 부족하고 허약하며 자주
바닥이 드러나는 사람인지
고요는 이미 다 안다
내 안에는 타오르는 불길과
오래 흘러온 강물이 있다

고요는 그 불꽃을 따스하게 바꾸고
수많은 것을 만지고 온 두 손을 씻어준다
촛불 있는 곳으로 가까이 오게 하고
아직도 내 안에
퇴색하지 않고 반짝이는 것과
푸른 이파리처럼
출렁이는 것이 있다고도 일러준다
아직도 해야 할 일이 있고
가야 할 길이 있다고
지금 이대로도 괜찮다고 물 한 잔을 건넨다
다시 아침 해가 뜨고
어떤 절망의 순간에도
생은 계속된다고 조그맣게 속삭인다
다시 별빛을 바라보고
자신을 용서하고
용서하지 못한 것들은 신께 판단을 넘기고
고요의 끝에 왜

두 손을 모으게 되는지
물어보게 한다
바람이 멈추었다
고요로 가야겠다

## 과도한 소망

도시로 나가 일하면서도
아침이면 잠시 고요에 잠긴 뒤 일터로 나가
오전에 일하고
좋은 사람 만나고
오후 시간에 짬을 내
짧게라도 글 읽거나 음악 듣고
밀린 일 마친 뒤
천천히 돌아오는 저녁을 꿈꾸었다
돌아와 찬물에 손 씻으며
지치고 빛바랜 마음 헹구어 널고
밤이면 강변을 산책하게 되길 바랐다
휴일 날 창에 매달려 닝닝거리다가
제풀에 지쳐 나뒹구는
나나니벌 한 마리
뜨락으로 내보내 살려주고
햇감자 얇게 썰어
된장 풀어 국 끓이며 생각해보니

하루에 그중 한 가지만
할 수 있어도 다행이었다
과도한 소망이었다 내 바람은
가만가만 말 걸어오는 나뭇잎과
침묵으로 대화하는 오후
고전음악의 고요한 선율이
물방울처럼 가슴을 적시는 저녁
밑줄 그은 시 몇 줄 공책에 옮겨 적고는
몇 번을 다시 펼쳐보는 밤
명상의 숨결이 조금 더 깊은 곳으로
나를 데려다 놓고는
가만히 멈추어 있는 새벽
고요든
강바람이든
느린 시간이든
그중 어느 하나라도 만난 날은
며칠 만에 잠깐이라도 만난 날은

그나마 사는 것 같았다
아수라 한복판에서

# 들꽃

고운 꽃이
누추한 곳에서 올라온다

척박하다고 투덜대는 꽃은 없다

버려진 곳을
아름다운 곳으로 바꾸며
환하게 웃는
여리고 가난한 꽃

그들이 세상의 시간을
낡은 것에서
빛나는 것으로 바꾼다

## 꽃들 2

꽃들은
꼭 높은 곳에 피어 있지 않다
자리가 그를 높게 만드는 게 아니라
겸허가
그를 높게 해준다

꽃들 3


인정받고 싶어 몸이 들썩거리는 날

시멘트 도로 귀퉁이에 핀
씀바귀꽃 보라
다만 치열하게 살아 있을 뿐이다

## 봄밤

몸을 활짝 열어젖힌 꽃과
막 피어나는 꽃송이

모두가 예쁜
봄밤

앳된 여학생 둘이
그 꽃 아래서
소주를 까고 있는

봄
밤

## 봄날 아침

산수유꽃에서
개나리꽃에 이르는 날을
설레는 마음으로 살고 싶었다

매화에서
벚꽃까지 가는 시간을
경건하게 살고 싶었다

혹독한 시간을 견디고
제 안에서 거듭나는 것들을
꽃이라 한다

아름다운 것들은 우리 안에 있다
백매화 곱게 핀
봄날 아침

## 파랑 이는 날


파랑이 일어
수평선이 지워지는 날에도
물새는 파도 위를 건너간다

파도의 억센 손에
소리 나게 맞으면서도
어린 섬은 제자리를 잃지 않고

산발치에 찬비 오고
미시령 너머에 눈 내려도
산수유꽃 피면 백매화도 핀다

## 부드러운 시간


새로운 것은 유연하다

우듬지 제일 높은 곳에서
한 뼘 더 올라가는 잎은
강한 잎이 아니라
몸이 부드러워진 잎이다

내가 좋아하는 겨울 백양나무도
부드러운 이면을 지니고 있다

사나운 짐승들도 부드러운 시간에
서로 사랑한다

외피가 돌처럼 딱딱한 벚나무도
연분홍 꽃을 피울 때는 제 안에서
연한 마음을 꺼낸다

그대가 가만히 열리는 시간도
부드러운 시간이지 않는가

## 그대가 내게 온다면

만일 그대가 다시 일어서서 내게 온다면
저녁 들판의 꽃들이 모두
그대 향해 손을 흔들게 하겠어요

그대가 상처받고 쓰러져 있다면
푸르고 싱싱한 초원으로 담요를 만들어
그댈 감싸안겠어요

만일 그대가 쓸쓸히 노래하고 있다면
은빛으로 반짝이는 하모니카 소리 되어
그대의 하늘 뒤쪽을 은은하게 채우겠어요

오늘도 사막 같은 도시에서 목말라하면
토란잎 구르는 물방울 모아
차고 맑은 걸음으로 그대에게 가겠어요

만일 그대가 사람의 숲에서 길 잃고 헤맨다면

그대를 사랑하는 젊고 큰 별들 모아다가
그대 앞에 초롱으로 밝히겠어요

오늘도 머리를 파묻고 밤새 괴로워한다면
빛나는 아침을 데리고 가
새벽부터 문 앞에서 그대를 기다리겠어요

만일 그대가 슬픔의 강물에 실려 떠내려간다면
내가 지닌 가장 튼튼한 채그물 던져
강물에서 그대를 끌어 올리겠어요

만일 그대가 포기하지 않고 다시 온다면
저녁노을의 가장 아름다운 빛깔을
융단처럼 그대 오는 길 앞에 깔겠어요

# 낙화

속수무책으로 꽃이 집니다
그러나 이게 끝이 아닙니다
언제나 그 자리에 그렇게 계시면 됩니다
이렇게 나지막하게 전하는
젖은 꽃잎의 말을
당신은 알아들었는지요

당신의 전인격이 배어 있는 자리
여기까지 당신의 생애를 절실하게 밀고 온
그 자리

# 현자

누구에게나 배우는 자
그가 현자다
길에 핀 꽃에게서
초저녁 별에게서 배우는 자
어린 스승에게 배우는 자

# 운명

바람을 원망하지 마라
구름을 원망하지 마라
들판의 풀들은 바람을 원망하지 않고
산벚나무는 구름을 원망하지 않는다
오랜 세월 그늘지게 살았지만
구름 때문에 네가 살아온 땅이
사막으로 변하지 않았다
하늘을 원망하지 마라
달빛을 원망하지 마라
산불이 온 숲을 휩쓸고
지나간 듯한 날도 있었고
산사태에 산허리 끊어져
다 쓸려 내려간 듯한 밤도 있었지만
부딪치고 얽히고
상처받고 풀어지는
그게 네 운명이었다
원망하지 마라 사람을

원망하지 마라 하늘을

## 철쭉꽃

철쭉이 졌다
네 곁에 반짝이던 것들
흔적 없이 사라졌다
사라진 것 때문에 상심하는 그대여
진분홍 시간이 가면
연초록 시간이 온다
철쭉이 지면 장미가 피고
한 물줄기 흘러가면
또 한 물줄기 흘러와
네 발을 씻으리니
시간에 남아 있는 것들을 맡겨라
꽃은 또 피고 지고
낯설지만 새로운 시간이
다시 너를 향해 흘러오리니

## 하직

제비꽃이 피어 사월이 왔습니다
보랏빛 점을 톡톡 찍으며 사월이 왔습니다
늙은 굴참나무에 연둣빛 잎이 돋아나며
사월이 왔어요
세상은 요동치는데
조팝나무는 은은한 향기로 돌아왔고
사람들의 열망이 광기로 변하는 걸 알면서도
벚나무는 해사한 옷을 걸치고 서서
말없이 강물을 바라보고 있네요
권력은 참 비정하지요
그러나 세상에 나가 권력의 난폭함을 겪지 않았다면
세상을 안다 할 수 없지요
벚꽃잎이 햇살의 비늘처럼 쏟아지는 길 지나
돌아오는 날
낙화가 축복처럼 내린다는 생각을 했어요
만개한 벚꽃나무 아래 길게 구부러진 길 지나오며
내가 오래 마음 준 길이 이런 길이었다는

생각을 했어요
목련이 수백 송이 고요를
등불처럼 밝혀 들고 있다가
희고 무거운 목련 꽃잎 하나
툭 떨어지는 소리에 고요가 깨지는
고향으로 돌아가려 해요
우리가 지나온 한 시기는 뜨거웠어요
환호할 때도 있었고 참혹할 때도 있었지만
격렬한 날을 지나며 역량을 키웠고
나무란 나무가 다 그러듯이
폭풍을 견디면서도 성장했어요
지금은 다독여지지 않는 마음에게
시간을 조금 더 주고
그 마음이 담담해질 때까지 기다려주려 해요
내가 어찌하고 있는지 궁금해
꽃나무 가지 하나가
창 안을 기웃거리는 걸 알고 있어요

도심의 거리에

벚꽃이 하얗게 떨어지기 시작하면

재 너머 산마을 산벚나무가

새로 꽃눈을 열기 시작하는 사월

내겐 상처도 큰 공부가 되었지만

그렇게 한 꽃이 지고

또 한 꽃이 피어나며

세상도 나무들처럼 제 길을 찾아가면 좋겠어요

사는 동안 다시 만날지 알 수 없지만

계절이 바뀌는 길목에서

이번 일을 깜빡 잊고

다시 인사하게 되길 바랍니다

달팽이

Snail

우리도 달팽이처럼 카르마의 집 한 채 지고

아침마다 문을 나선다

등짐 때문에 하루가 휘청거리기도 하지만
짐에 기대 잠시 쉬기도 하고

이 집 아니었으면 얼마나 허전할까 생각하면서

우리도 겨우 여기까지 오지 않았는가

# 달팽이

우리도 달팽이처럼 카르마의 집 한 채 지고
아침마다 문을 나선다
등짐 때문에 하루가 휘청거리기도 하지만
짐에 기대 잠시 쉬기도 하고
이 짐 아니었으면 얼마나 허전할까 생각하면서
우리도 겨우 여기까지 오지 않았는가

# 바다

누구를 위해서가 아니라
살아 있다는 건
이렇게 끝없이 물결치는 것

저 혼자 밀물이었다가
저 혼자 썰물이었다가

# 거리에서

분노 없이
어떻게
세상을 바꾸겠는가

분노 말고는
가진 게 없다면
또 어떻게 세상을 바꾸겠는가
벗이여

# 산양

어디서고
산다는 건
쉬운 게 아니다

곳곳이 비탈이고
벼랑이다

# 모이

비둘기도
나도
배가 나온다는 건
길들여졌다는 것이다

모이에 길들여지면
새가 아니다

## 비의 하프

빗줄기가 하프의 현처럼 내려오고 있다

비에 젖으며 노래하던 날들은 아름다웠다
빗속에서 먼 길을 가던 날들은 아름다웠다
주저하지 않고 몸을 던지곤 했으므로
내가 빗줄기를 선택했으므로
얼마든지 젖으며 갈 수 있어 아름다웠다
악보 없이도 노래가 비처럼 흘러내리던 날은

## 너는 꽃이다

산비탈에 피어도
너는 꽃이다

있는 곳 어디인지
마음 쓰지 않고

아름답게 피었다 가는
너

외진 그곳을
꽃밭으로 바꾸는 너

# 수련

거기서도 꽃이 피어요?
혼탁하고 냄새나는 진흙탕에서

네
이렇게 피었잖아요

## 애벌레

꿈틀대던 애벌레의 날을 지나
몸부림치던 날을 지나
유연하게 날갯짓하며 날아가는
한 마리 나비 보아라

몸부림치는 동안만 희망이다
몸부림쳤기 때문에 희망이다

# 파도

파도가 되어 밀어 올리고
물방울이 되어 흩어지자
소흑산도쯤으로 내려가서
수평선이 되자
그래도 우린 바다 아닌가

파도가 되어 한 시대를 밀어 올린 뒤
흔적 없이 사라지자

그 흔적 없음과 고요까지도
바다
바다 아닌가

# 여우비

구름이 밀려가듯 뭉게뭉게 몸을 부비고
바람이 나뭇잎을 건드리듯 가만가만 살을 쓰다듬고
풀잎처럼 서로 닿으며 쏠리며 쓰러지고
뿌리들이 흙 속에서 다리를 뻗듯 몸에 스미다가
혼곤한 침묵 중에 깜빡 선잠에 들었는데
눈을 떠보니 빗소리는 살며시 몸을 빠져나가고
풀밭에는 비 다녀가신 흔적만 촉촉이 남아 있고
나무는 돌아앉아 한 손으로 젖은 머리칼을 털고 있다

# 그리운 날

나무도 그리움에 대해서는
알 만큼 안다
감출 수 없는 날이 있다는 것
허리가 휘어지도록 달려가고픈 날이
있다는 것
숨길 수 없는 갈망이
수액처럼 차오르는 날이 있다는 것
말 한마디 하지 못했지만
몸이 먼저 달려가고 싶어 한다는 것
닿을 수 없는 줄 알면서
허공인 줄 알면서
가지 끝으로라도
달려가고 있다는 것
몸은 뿌리에 매여 있으면서
나뭇잎 같은 것들로만
부르르 부르르 떨다 온다는 것

# 사막

옛날에 이곳은 진나라 땅이었다
영웅들이 갖고 싶어 하던 땅이었다
무엇이 이곳을 사막으로 변하게 하였을까
그대도 숲이 무성하고 계곡이 아름다우며
강물이 흘러넘치던 땅이었다
무엇이 그대를 사막이 되게 하였을까
무엇이 그대를 황폐하게 만들었을까

# 산

굴참나무 떡갈나무에 가려
산이 보이지 않는다

그러나 언덕 하나 넘어서니
산은
늘 거기 그렇게 있다

# 해변

어제 바닷가 모래밭에 찍은 발자국이
파도에 지워져 흔적 없다
모래 위에 손가락으로 썼던
글씨도 사라졌다

내 지나온 자취도 지워지면 좋겠다
그대와 함께 걸었던
아름답고 짧은 시간만 남고
나머지는 깨끗하게 지워지면 좋겠다

이곳은 본래
파도와 모래의 영토
아기 게와 눈 큰 물고기와
갯지렁이와 도요새들의 오랜 땅

물떼새 발자국만도 못한 것을
갯가에 새기다가 세월이 많이 흘렀으나

그대를 사랑했던 기억만 남고
나머지는 다 씻겨가도 좋겠다

# 피

피가 당신을 위해 열심히 일하는 동안
당신은 피를 위해 무얼 하셨습니까

잇몸이 부어 진통소염제 사 들고 나오는데
약봉지에 쓰인 광고가 눈길을 붙잡는다
나는 피를 위해 무얼 했을까

눈물이 나를 위해 애통해하는 동안
나는 눈물을 위해 무얼 했을까
눈물이 나보다 더 흐느낄 때
나는 왜 눈물의 말을 듣지 않았을까

내 영혼이 나 때문에 깨어 고뇌할 때
나는 왜 모른 체 돌아누웠을까

말려도 듣지 않는 일에 몰입하며
육신을 탕진하며

고집 꺾지 않고 지내며

나는 눈물을 위해 무얼 했을까
나는 피를 위해 무얼 했을까

# 저녁

지구가 하루 한 번
반대편 쪽으로 돌아눕는 건
고마운 일이다
양귀비꽃을 가려주어
붉은 꽃잎에게 긴장 풀 시간을 주고
느티나무에게 바람의 손길을 내려보내
바삭바삭 마르는 잎들의 체온을
눅눅하게 낮춰주는 것도
고마운 일이다
돌아오는 차 안에서 나도
내 안에 끓어오르는 것 때문에 힘들었다
마른 구역질이 났다
그러다 차에서 내려 많이 걸어온 건
다행이었다
바람이 느티나무를 토닥이고 있다가
내게 와 무슨 이야기인가를
하고 싶어 하는 게 보였다

다 알아들을 수는 없었지만
느티나무처럼 나도 체온이 조금 내려갔다
먼 곳에서 찾아온 저녁 구름이
내 곁에 한동안 같이 있어주었다
내 안에서 나를 불 지르던 것들이
밖으로 쏟아져 나오지 않은 것은
다행이었다
밤이 깊어지면
비를 조금 데려온다 하니
그것도 다행이었다

## 목동의 별

서쪽 하늘을 올려다보아도 쓸쓸하고
동쪽 하늘을 바라보아도 씁쓸한 날
밤이 되자 큰 별 하나 떴다

양떼를 몰고 돌아오는
목동들과 동행한다는
목동의 별이 저 별 아닌가 싶다

지상에는 길을 잃은 이들이 많다
길 잃어
삶의 곳곳이 낭떠러지인 이들이 많다

별점을 치는 이들은
형혹성이 전갈자리 심수성에 머물게 되어
여름에는 운석이 비 오듯 쏟아지고
크나큰 재앙과 변고가 있을 것이라 한다

지난 몇 해는 얼마나 참혹했던가
은하수 왼쪽이 붉게 물드는 날이 많고
재난의 소용돌이가 온 나라를 덮는다는 말의
그 불길함에 다시 두렵고 무섭다

미자르 별이라 했던가
우리가 가는 길을 내려다보는
그 별을 보며
서로가 서로에게 간절한 저녁기도를 하고
선한 씨앗들을 가난한 골목마다 심으면
형혹성 그 별도 아슬하게 비껴갈 수 있을까

어둠은 깊고
바람은 차고
별 홀로 빛나는 밤

## 젖은 낙관

마음을 가만가만 어루만지고 다독여
당신들의 행복을 빕니다 라고 쓰고
아랫줄에 날짜를 쓰려는데
툭 하고 떨어지는 게 있다
지혈되지 않는 슬픔
깨어진 파편 하나가 슥 긋고 가면서
마음의 실핏줄이 터졌는지
툭 하고 떨어지는
붉은 방울
이름을 써야 할 마지막 자리에
미리 와 찍히는
젖은 낙관 하나

슬픔을 문지르다

To rub away sorrow

한의사는 젖가슴 바로 아래쪽
갈비뼈 움푹 들어간 곳을 눌러보라 했습니다

눈이 찡그려질 정도로 아팠습니다
슬픔이 고여 있어서 그렇다고 했습니다
거기를 문질러주라고 했습니다

나는 수시로 슬픔을 문질러주었습니다

옆구리 뒷부분을 눌러보라 했습니다
악 소리가 나게 아팠습니다
분노가 뭉쳐 있어서 그렇다고 했습니다
거기를 매만져주라 했습니다

나는 틈나는 대로 분노를 토닥여주었습니다

아침에는 해 뜨는 쪽 향해 정좌하고 앉아
길게 숨을 들이마셨습니다

아침 햇살의 밝고 따스한 부분이 따라 들어와
고여 있는 슬픔의 기포를 툭툭 터뜨린 뒤
날숨에 얹어 천천히 데리고 나왔습니다

바람의 맑고 서늘한 부분이 따라 들어와
뭉쳐 있는 분노의 더운 껍질을 조금씩 벗겨낸 뒤
길게 뱉어내는 숨에 섞어 데리고 나왔습니다

뭉쳐 있는 더운 덩어리 같은 것이
실같이 가느다란 신음이 따라 나올 때도 있습니다
그것들이 빠져나온 빈자리를

새소리나 풍경 소리가 따라 들어가 맴돌 때가 있는데

무엇보다 고요가 거기를 채우고 있는 정적이
좋았습니다

그러나 저녁때가 되면

다시 갈비뼈 안쪽이 아프고
옆구리를 눌러보면 여전히 통증이 있습니다

낮 동안 슬픔은 기포를 이루며 다시 눅눅하게 고이고

사라지지 않은 분노가 바늘 같은 것으로
깊은 밤마다 옆구리를 찔렀습니다

## 슬픔을 문지르다


한의사는 젖가슴 바로 아래쪽
갈비뼈 움푹 들어간 곳을 눌러보라 했습니다
눈이 찡그려질 정도로 아팠습니다
슬픔이 고여 있어서 그렇다고 했습니다
거기를 문질러주라고 했습니다
나는 수시로 슬픔을 문질러주었습니다

옆구리 뒷부분을 눌러보라 했습니다
악 소리가 나게 아팠습니다
분노가 뭉쳐 있어서 그렇다고 했습니다
거기를 매만져주라 했습니다
나는 틈나는 대로 분노를 토닥여주었습니다

아침에는 해 뜨는 쪽 향해 정좌하고 앉아
길게 숨을 들이마셨습니다
아침 햇살의 밝고 따스한 부분이 따라 들어와
고여 있는 슬픔의 기포를 툭툭 터뜨린 뒤

날숨에 얹어 천천히 데리고 나왔습니다
바람의 맑고 서늘한 부분이 따라 들어와
뭉쳐 있는 분노의 더운 껍질을 조금씩 벗겨낸 뒤
길게 뱉어내는 숨에 섞어 데리고 나왔습니다
뭉쳐 있는 더운 덩어리 같은 것이
실같이 가느다란 신음이 따라 나올 때도 있습니다

그것들이 빠져나온 빈자리를
새소리나 풍경 소리가 따라 들어가 맴돌 때가 있는데
무엇보다 고요가 거기를 채우고 있는 정적이
좋았습니다

그러나 저녁때가 되면
다시 갈비뼈 안쪽이 아프고
옆구리를 눌러보면 여전히 통증이 있습니다
낮 동안 슬픔은 기포를 이루며 다시 눅눅하게 고이고
사라지지 않은 분노가 바늘 같은 것으로

깊은 밤마다 옆구리를 찔렀습니다

# 연화 蓮花*

며칠째 날이 흐리고
서풍에 몰려온 잿빛 구름이 자욱하게 하늘을 덮었습니다
서풍이 연잎을 부드럽게 흔들고 가는 아침입니다
연꽃은 분홍까지 청정합니다
청정한 빛깔이 진흙 바닥에서 만들어졌다는 게
믿기지 않을 때가 있습니다
연잎에 구르는 물방울처럼
티 하나 묻지 않는 삶을 꿈꾸지만
우리는 꿈과는 다른 곳에서 하루를 삽니다
연꽃에서 출발하는 향기처럼
은은하게 주위를 물들이는 보살행을 꿈꾸지만
고요한 시간과 혼탁한 시간이 뒤섞인 채
하루를 삽니다
겁탁劫濁의 세상에 삽니다 우리는
거칠고 사나운 세상에 살고 있습니다

마흔 명 남짓 사가私家에 모여 법회를 봉행한 지

오십 년
아직도 번뇌는 끊어지지 않고
법문은 다 깨치지 못하였습니다
오십 년이 흘러도
무변 무진 무량 무상한 서원
어느 하나 제대로 이루어지지 않았습니다
그러나 그 서원 멈추지 않으리라는 걸
대적광전 비로자나불은 알고 계십니다
배고픔과 역병과 전쟁의 공포 끊이지 않는
겁탁의 세상에 우리 살지만
부처님도 오탁악세에 태어나 사셨습니다
악세에 태어난 것도
대비大悲에 의한 발원發願이라 하셨습니다
그래서 나는 연꽃에게
왜 진흙탕에 들어가 있느냐 묻지 않습니다
진흙은 연꽃의 운명이기 때문입니다
우리 사는 곳도 처처 진토處處 塵土입니다

그 세상 우리가 만들었습니다
세상은 우리의 모습으로 존재합니다
그 생각을 하며
연꽃을 바라봅니다

오십 년을 돌아보는 수행의 이 아침
지혜의 빛 가득한 곳 향해 나아가길
다시 기원합니다
억겁의 세월
만나고 헤어진 수많은 인연 중에
노사나불과의 인연이
여전히 깊고 소중하길 기원합니다
일심상청정一心常淸淨한 몸가짐으로
두 손 모아
기원합니다

\* 명장사 창립 오십 주년을 축하하며 쓴 시다.

# 장일순

물 같은 분이셨다 그는
그를 핍박했거나 비난했던 이들은
불 같은 분이라 의심하였으나
아무래도 물 같은 분이셨다 그는
가장 낮은 곳으로 가라고 하셨다
낮은 곳을 택해 나아간 것들이
물줄기를 이루고 강이 되어 멀리까지 가듯
낮아지고 낮아져야 한다고 하셨다
낮은 곳에 누워
강물이 가르쳐주는 소리 듣고자 하셨다
그리해야 바다에 이를 수 있다고 믿으셨다

바람처럼
사신 분이라고 하지만
흙 같은 분이셨다 그는
풀도 꽃도 나무도 다 모여 살게 하는
그는 대지의 생을 사신 분이셨다

생이불유生而不有하여 풀 한 포기도
내 것이라 집착하지 않으셨다
씨앗이 그곳에 자리 잡고 싶어 하고
나무들이 거기 와
뿌리를 내리고 싶어 하였다
풀들이 던지는 말에 귀 기울이셨고
풀 같은 이들을 섬기고 모시고 살리고자 하셨다
그래서 생명이 그 대지에 푸르게 출렁였다

순한 물 같고
편안한 흙 같은 분이셨다
그는

## 깊은 가을


느티나무 잎이 진다
가을이 깊어지고 있다

사려 깊은 사람은
자기 안에
깊은 가을을 지니고 있다

단풍 드는 날까지
동행해준 인생에
감사할 줄 알고

멈추어야 할 때가
언제인지
안다

깊고 아름다운 사람은
가을꽃도

그를 알아본다

## 늦가을

잎 다 졌다
나 없어도
없는 그곳에 나 있다
그대와 함께 아름다운 꿈을 꾸었으나
이루어지지 않은 꿈이 더 많았다
그러나 꿈꿀 수 있어서 다행이었다

마른 잎 뒹굴고 있다
못다 이룬 꿈과
남아 있는 가을 햇볕
그대가 받아주면 고맙겠다
그대가 다시 꿈을 꾸면
그대가 꾸는 꿈 가운데 나 있다

내 안에 그대 있는 동안
나도 새벽처럼 매일매일
그대 창가에 있을 것이다

잎이란 잎 다 지고 이미 늦가을

나 이제 없지만

없는 그곳에 나 있다

## 설선당說禪堂

오래되면 색깔이 엷어진다
깊어지면 담백해진다
천은사 설선당이 그렇다
그동안 색깔을 너무 드러내려 했다
그동안 말이 너무 많았다

# 양

길을 잃고는 주저앉아 울었습니다
남들은 순하고 여린 짐승이라 하지만
나아갈 수도
돌아갈 수도 없는
밤이 있었습니다
목숨을 버릴 수도
구걸할 수도 없는 벼랑이 있었습니다

## 밤이 온다

멀리서 밤이 온다
산다는 건 참 쓸쓸한 일이다
초저녁 무렵부터 소쩍새 우는데
낙엽이 혼자 고개를 넘어간다
슬픈 바람 소리를 듣다가
산 노루처럼 소리 없이 죽고 싶은
밤이 있다

## 어린 은행나무

오래된 은행나무만 물드는 게 아니다
어린 은행나무도 샛노랗게 물든다
가을에는
누구나 가슴이 노랗게 물든다
어리다고 가을을 모르겠는가
어리다고 사랑을 모르겠는가

## 고음

누가 소프라노 색소폰을 불어다오
뻥 뚫리고 싶은 날이 있다
고음 위에 나를 얹어
시뻘건 노을 위로 날려 보내고 싶은
저녁이 있다

# 저녁

돌아갈 저녁이 있는 건 다행이다
불타는 시간이 있었다는 건
말하지 않아도 안다
해도
저녁 해가 되면 단정해진다
하루 종일 나무를 옮겨 다니며
분주하던 새들도
지금은 날개를 털며 앉아 있다
저녁은 어딘가에 앉아 있기를 권하는 시간
나를 기다려주는 서쪽과
서쪽처럼 편안한 사람이 있다는 건 다행이다
돌아갈 저녁이 있다는 건

사랑해요
I love you

얼마나 고마운 일인가

사랑해요 라는 말로
맥박이 뜨거워지고

낡아가는 나를 씻어낼
맑은 힘이 생기는 건

얼마나 다행인가

사랑해요 라고 말할 수 있는

사람 하나 있다는 건

낯선 것들로
빼곡히 둘러싸인 세상에서

## 사랑해요

얼마나 고마운 일인가
사랑해요 라는 말로
맥박이 뜨거워지고
낡아가는 나를 씻어낼
맑은 힘이 생기는 건

얼마나 다행인가
사랑해요 라고 말할 수 있는
사람 하나 있다는 건
낯선 것들로
빼곡히 둘러싸인 세상에서

## 사과밭 주인

소수민족 아이의 볼같이 사과가 익었다
시월의 아침 햇살이 과수원 가까이 내려와
사과의 얼굴을 쓰다듬고 있다
오월에 우박 덩이에 두들겨 맞아
얼굴 한쪽에 흉터를 지닌 사과가 많다
시장에 내다 팔 수도 없는 걸
왜 버리지 않았느냐 했더니
그게 주인이라고 한다
주인의 마음은 그런 거라고 한다
돈이 되지도 않을 걸 알면서
가지치기를 하고
벌레를 잡고 풀을 뽑아주며
가을까지 온
과수원 주인을 쳐다본다
상처의 옆에
마지막까지 서 있는 이를

## 두 손

저녁기도를 하기 위해
두 손을 모으자
왼손이 오른손을 가만히 어루만진다
연장을 잡고 위험한 일을 감당할 때나
흙 묻은 장갑 속에서 고되게 움직이곤 할 때
왼손은 오른손에게 미안했다
끈적끈적한 걸 만지고는 움찔하여
서로를 씻어주고 다독이던 시간도 있었지만
더러운 것들 속을 더 많이 드나든 건
오른손이다
거칠고 사나운 것들과 만나는 일도 더 많았고
낯설고 어색한 손을 자주 잡은 것도
오른손이다
잘못하고 후회하며
몸 뒤로 숨고 싶어 하던 오른손을
왼손은 말없이 쓰다듬고 쓰다듬는다
매듭을 풀 때나 묶을 때도 함께 움직였으니

기도를 할 때도 함께하자고
빈손이 되어 돌아온 오른손을
왼손은 애처로운 몸짓으로 어루만진다

## 다리 하나


저녁 먹고 양말을 벗는데
귀뚜라미 다리 하나가 툭 떨어진다

마당 풀 뽑고 텃밭 오르내리는 동안
어디서 귀뚜라미는 내 발에 차였을까
다리 하나를 잃은 귀뚜라미는
어느 풀섶에 기대
저녁 내내 아파했을까

세상 울음에 귀 기울이는 척하던 내 귀는
풀잎의 허리를 잡고 우는 귀뚜라미 소리를
듣지 못했다

어느 풀잎 아래로 내려가야
이 다리를 돌려줄 수 있을까

손가락에 쥐고 있는

망연한 다리 하나

# 당신의 동쪽
The East of You

내 가슴속을 과일처럼 쪼개 열어보면
거기 석류 빛깔 노을이 있어요

당신 있는 쪽을 바라보며
알알이 물들어 있는
짙은 노을
파닥이는 노을이 있어요

내 가슴속에는
그 노을 안고 흐르는

저녁 강물이 있어요

당신으로 인해 발원하여
몸 곳곳을 적시는 오래된 강물
그 강물에 젖은 채
강가를 서성이는 맨발을
당신은 보았을까요

내 가슴속에는
그 강물 위를 날아가는 새들이 있어요

기약 없는 날들을 예감하며 날아가는
몇 마리 가여운 새
그 새들의 숨 가쁨

길 없는 곳에 길을 내는 막막함을
당신은 알고 있을까요

내 가슴속에는
그 새들이 날아간 빈 하늘이 있어요

새들의 흔적으로 움푹 파인 하늘
새들의 날갯짓을 거들다
얼얼해진 바람

그 바람의 파장으로 멍이 든
빈 하늘이 있어요

## 당신의 동쪽


내 가슴속을 과일처럼 쪼개 열어보면
거기 석류 빛깔 노을이 있어요
당신 있는 쪽을 바라보며
알알이 물들어 있는
짙은 노을
파닥이는 노을이 있어요

내 가슴속에는
그 노을 안고 흐르는
저녁 강물이 있어요
당신으로 인해 발원하여
몸 곳곳을 적시는 오래된 강물
그 강물에 젖은 채
강가를 서성이는 맨발을
당신은 보았을까요

내 가슴속에는

그 강물 위를 날아가는 새들이 있어요
기약 없는 날들을 예감하며 날아가는
몇 마리 가여운 새
그 새들의 숨 가쁨
길 없는 곳에 길을 내는 막막함을
당신은 알고 있을까요

내 가슴속에는
그 새들이 날아간 빈 하늘이 있어요
새들의 흔적으로 움푹 파인 하늘
새들의 날갯짓을 거들다
얼얼해진 바람
그 바람의 파장으로 멍이 든
빈 하늘이 있어요

## 굴참나무


구릿빛을 좋아하게 된 것은
당신 때문이었어요
깊은 가을이었어요
당신을 만난 그때 나는 기약 없었지요
제대를 하고 다시 막막하기만 하던
스물 몇 살이었지요
이 광활한 세상에 손잡을 사람 하나 없었지요
끝을 낼 수도
다시 시작할 수도 없었는데요
당신은 청동빛 겉옷을 던지며 서 있었어요
두려움은 실체가 없는 것이라고
당신은 말했어요


흘러 흘러 들어온 변두리 동네
낡은 전셋집에서
난감하고 대책 없을 때
당신은 묵직默直

무겁고 말이 없었어요

낯선 곳에서 다시 시작하는 게 인생이라고
그 말을 한 게 당신이었던가요
미숙하고 서툴기만 한 나는
때 묻은 수건으로 땀을 훔치다
굴참나무와 당신을
형이라 부르고 싶었어요
상실 앞에서도
소멸 앞에서도
말 없는 당신

당신의 구릿빛 얼굴은 그때마다 빛났어요
가을은 당신으로 인해 깊어지곤 했지요
해마다 가을은
당신으로 인해 비로소 가을이었지요
참으로 오랜 세월 당신으로 인해

가을은 내게도 온전한 가을이지요
겨울이 사단 병력처럼 몰려오는 걸 알면서도
우뚝 선
든든한 당신

# 두보초당

선생을 뵈러 초당을 찾아갔으나
선생은 계시지 않아
출렁이는 연못 물과 이야기를 나누다 왔습니다
집 나간 지 여러 날 되었는지
부엌에는 냉기 가득한데
빈 뜰에는 계수나무 향기 가득하였습니다
답을 찾아 자주 길을 나서지만
길 또한 답을 찾아 멀리 가곤 하니
선생은 순례의 어느 먼 길을 떠돌고 계시는지요
전란으로 나라가 반 동강이 난 뒤에
다시 넷으로 다섯으로 갈라지는 내 나라의
어지러운 현실 속에서 젊은 날을 보낸 저는
만년에 나랏일에 헌신하고자 하였으나
철학 없는 정쟁
사람에 대한 고뇌 없는 권력에 맞서다
자주 몸져눕곤 했습니다
초당 추녀에 자라던 풀들도

늦가을 지나며 몸져눕고
우거로 돌아온 저는
하염없이 지는 은행잎 바라보며
가슴이 노랗게 물들고 있습니다
내년 봄 초당에 다시 꽃이 피고
그 꽃 다시 하루 종일 지는 날
붓 들어 먼 곳의 벗에게 편지를 쓰는
선생의 뒷모습을 볼 수 있을지요
세상 먼지 가득한 곳을 찾아 떠돌고 있을 선생님
연민으로 가득한 선생의 슬픈 눈을
어느 생에 다시 볼 수 있을지요
초록 그늘 깊은 숲에서나
가을 소쩍새 우는 밤이면
선생을 그리워하며
밤 깊도록 선생의 시를 베껴 적곤 하겠습니다
길이 시작되는 곳에서도
길이 끝나는 곳에서도

청안하시길 바랍니다 선생님

## 사과 한 알

사과 한 알도
하느님의 작품입니다

벼를 거두어들이고 난 뒤에도
온유한 햇볕을 며칠 더 보내
마지막 고운 빛깔을 내는 과수원에서

이 작품들 중에 아주 고운 작품 하나를
그대에게 보내려 합니다

바람이 오면 바람에 감사하고
상실이 오면 상실에 감사하고
소멸이 와도 소멸에 감사하겠노라 말한

내 전언에 그대는
동의하지 않는다 했습니다
그게 어째 선물이냐고

생의 절반이 부러진 그 일이
얼마나 잔혹한 고통이었는지
얼마나 몸서리치는 절망이었는지
내가 모르는 것 같다고 했습니다

그 말은 틀리지 않습니다
그러나 나머지 절반은 다 부러뜨리지 않고
살려두신 뜻을 나는 잊지 않습니다
그대도
하느님의 귀한 작품이기 때문입니다

오늘도 나머지 생을 일으켜 세우기 위해
몸부림치는 그대
하루하루가 기적이어야 하는 그대

마른 사과나무 잎이 곁을 지키며

완성을 향해 마지막 시간을 쏟는 과수원에서
사과 한 알을 끝까지 매만지는
신의 손길을 생각하며

이 가을볕의 온화한 기운
이 바람의 서늘한 옷감 몇 필을 곱게 접어
그대 있는 곳으로 보내려 합니다

# 늦가을비

풀벌레들의 울음을 딱 끊어버리는 비가 있다
밤새 비 내리고 기온이 뚝 떨어지면서
아직 준비가 되지 않은
느티나무 잎과 느티나무가 밤새 입씨름을 하고
어떤 잎들은 하룻밤 사이 많이 초췌해져
고개를 외로 꺾고 있는 게 보인다
결단을 해야 할 날이 언제 올지 모른 채
우리는 산다
준비가 되지 않았는데요 라는 말을 할 겨를도 없이
가을비 몰아치고 거기까지가
우리에게 주어진 시간인 경우가 있다
끄덕이면서 받아들여야 하는 날이 있다

## 귀뚜라미를 조상함


달여 마시고 버린 보이차 잎 옆에
귀뚜라미가 죽어 있다
찌꺼기라 여기지 않고
쓴 찻잎의 귀퉁이를 뜯어 연명하다
혼자 세상을 떴다
죽은 귀뚜라미와 함께 정수년의 해금을 들었다
내가 죽은 뒤에도 번거로운 짓 다 접고
그 저녁 무렵부터 새벽이 오기까지*
해금 연주나 한 곡 듣다 가주면 좋겠다
별빛 아래서
어둠 속에서
혼자 많이 울다 갔다고 기억해주면 좋겠다
귀뚜라미처럼 한 치 앞도 잘 못 보면서
꿈의 더듬이만 길어
더듬더듬 허공을 짚으며 살아왔지만
꿈꿀 수 있어서 아름다웠으므로
세상을 사랑한 것만으로 내 생은 충분했으므로

해금 연주가 끝날 때까지
잠시 있어주면 고맙겠다
인연 깊은 이들을 고맙게 기억하며
나도 한 마리 귀뚜라미처럼 돌아가리라
내가 귀뚜라미를 풀밭으로 조용히 돌려보내듯
내 생의 타고 남은 재를
산벚나무 밑에 소리 없이 버려주면 고맙겠다

* 정수년이 연주한 해금 연주곡의 이름이다.

## 저녁연기

굴뚝을 빠져나온 연기가
하늘로 오르려 애를 쓰다가
지붕의 비스듬한 선을 타고 밀려 내려옵니다
오후 내내 무겁던 공기가
초저녁 무렵에는 더 차고 무거워져
저녁연기를 내리누릅니다
가등 한쪽 면을 감싸고 맴돌던 연기는
꼬리를 여미어 쥐고 뒷모습을 감춥니다
흉터는 남았지만
상처는 아물었다고 생각했습니다
다 끝났다고
다 지나갔다고
내가 얼마나 부족하고 형편없었는지
내게 조목조목 지적하고
나는 상처를 침묵으로 덮고
무게 없는 시간으로도 덮고
여름과 가을을 보냈습니다

그렇게 많은 시간을 제공받았고
그렇게 많은 기회를 부여받았으니
지난날의 나는 변명의 여지가 없습니다
조용히 지워지는 일이
내가 해야 할 일입니다
그러기 위해 나는 가벼워지기로 했습니다
그러나 방 안의 공기는 여전히 무거워
나는 향을 다시 피웁니다
향 연기의 꼬리가 끌고 가는 가느다란 침묵을
따라가다 돌아오곤 합니다
그 사이에 산벚나무들은 일찍 잎을 버렸고
갈참나무 굴참나무 가득한 앞산 뒷산은
구릿빛으로 몸을 바꾸고 있습니다
목련잎이 돌아갈 준비를 하는 뜰을 거닐다
낮달이 오랫동안 나뭇가지 사이로 나를
내려다보고 있는 걸 알았습니다
목련잎을 지나 회화나무 가지 사이를 지나가는

구름빛 낮달에게 나는 아무 말도 하지 않았습니다
나는 할 말이 없습니다
아직도 내게 터럭 같은 기대를 지닌 이들에게
지금 이 저녁 구름을 보내주고
늦가을 초저녁의 무거운 빛깔 일부를 잠깐
보여주고 오기를 바랄 뿐입니다
마른 나뭇잎 밟는 소리가 유일한 소리인
적막한 시간에
가슴에 남아 있는 게 있다면 이렇게
부서지기를 소망합니다
잘게 잘게 부서져 흩어지기를 바랍니다
허공으로 오르지 못하는 저녁연기가
메마른 육신을 어루만지다 사라집니다

## 운동화

운동화를 빨았다
낡은 칫솔에 비누를 묻혀
깊게 밴 흙물과 오래된 땟자국을 닦아냈다
내가 가자는 대로 따라다니는 동안
나 대신 망가지고 긁히고 흙투성이 된
운동화를 바라보고 있기 미안했다
발 디디지 않았어야 하는 곳에서 묻은 것 중에
닦여나가는 것도 있고
가지 말아야 할 곳에 갔다가 밟은 것 중에는
오래 닦아도 잘 지워지지 않는 게 있었다
멈추어야 할 곳에서 멈추지 않아
닳아버린 뒤축도
정성스레 문질러 닦았다

어머니는 운동화나 실내화를
자주 빨아주셨다
월요일 아침이면 부뚜막 위에서

뽀송뽀송하게 몸을 말린 신발들이
하얗게 반짝였다
그 흰 빛깔은 나를 설레게 했다
새하얗게 바뀐 운동화의 응원을 받으며
또 하루를 시작했고
팔짝팔짝 뛰면서 열 몇 살의 나이를 달려갔다

운동화 하나가 나를 새롭게 일으켜 세우던
그 시절에는
물건도 사람도 마구 대하지 않았다
함부로 버리지 않았다
더러워졌어도 빨아 쓰면 되고
망가졌어도 고쳐 쓰면 된다고 생각했다

평생 그런 걸 몸으로 보여주시던
어머니 돌아가신 뒤
어머니를 불에 태워 야산에 버리고 온 것

같은 생각이 자꾸 들었다
고쳐 쓸 수 없는 육신이 된 건 맞지만
다시 일어설 수 없는 혼백이 되시긴 했지만
어머니를 아무 데나
버리고 온 것만 같아 죄스러웠다

하얗게 몸을 바꾼 운동화를 내려다보며
두 손으로 감싸며
가슴에 가만히 갖다 대며

# 군무

우포늪에서 무리 지어 내려앉는
새 떼를 본 적이 있다
분홍빛 물갈퀴를 앞으로 뻗으며 물 위에 내리는
그들의 경쾌한 착지를 물방울들이 박수를 튀기며
환호하는 소리가 들렸다
노을 물든 하늘 한쪽에 점묘를 찍으며 고니 떼가
함께 날아오르자 늪 위를 지나가던 바람과
낮은 하늘도 따라 올라가 몇 개의
커다란 곡선을 그리며 기쁜 숨을 내쉬었다
먹고사는 일이 멀리서 보는 것과 달라서
그리 녹록한 일은 아니지만
그들의 눈은 맹금류처럼 핏발 서 있지 않았다
솔개나 올빼미가 뜰 때는
주변의 공기도 팽팽하게 긴장하고
하늘도 일순 흐름을 멈추며
피 묻은 부리와 살 깊숙이 파고들어 가는
날카로운 발톱을 주시하는데

물가의 새들은
맹금이 되지 않으면 살아남지 못한다는 말만이
자연의 법칙이라고 믿지 않았다
그들은 어떻게 해야 살아남고
어떻게 함께 날개를 움직여야
대륙과 큰 바다 너머
새로운 물가를 찾아갈 수 있는지 알고 있다
매같이 되어야 살아남을 수 있다고
믿는 조류들도 있지만
모든 새가 그들의 독무를
따라 하지 않는 데는 이유가 있다
서넛이 팔을 끼고
손에 지갑을 들고 사무실을 나서거나
일곱씩 열씩 모여 떠들며
한 끼의 식사를 위해 몰려가는
점심시간의 마포나루나 강 건너 여의도
또는 구로동 골목에서 물새들을 본다

간혹 물가 빈터에 세운 운동장에서
축구 경기를 보며 함께 소리 지르고
함께 날개를 세우는 군무를 볼 때도 있고
어두운 허공에 촛불을 밝히고
몇십만 마리씩 무리 지어 나는 새 떼들의
흐르는 춤을 볼 때도 있다
새들이 추는 춤은
군무가 제일 아름답다
독수리가 되어야만 살아남는 건 아니다
가창오리나 쇠기러기들도 아름답게 살아간다
그들도 자연의 적자가 되어
얼마든지 씩씩하게 살아간다

## 겨울 벚나무

꽃으로 화창하던 날 교만하지 않았고
찬 바람 몰아치는 날 비굴하지 않았다
오늘 담담할 수 있어야
내일 당당할 수 있다
꽃을 박탈당했다고 말하는 꽃나무는 없다
꽃잎을 내려놓았다 말하지 않느냐
그 차이는 크다
빈 몸으로 서서
겨울 벚나무는 그렇게 말한다
단 한 나무도 아우성치지 않는다
견디는 것과
초조해하지 않는 것이 어떻게 다른지
나무들은 안다고
어떤 나무가 동요하느냐고

# 겨울 오후

오후가 되자 구름이 하나둘씩 건너와
하늘을 덮기 시작했다
차갑긴 하지만
티 하나 없던 코발트빛 하늘도
엷은 하늘색으로 흐려지고 있었다
조금 더 모여들면 눈발을 지상에 뿌릴 것 같은
구름이었다
집착하지 말고 집중하라던 그분 말씀 떠올랐다
시시각각 변하면서도 변하지 않고
일정한 물결을 이끄는
지기至氣의 큰 흐름을 보려면 어찌해야 할까
구름은 대답이 없으나
겨울 하늘 오래 바라본다
눈앞의 들끓는 것들에 마음 빼앗기지 말고
놓치지 말아야 할 것이 무엇인지
깊게 생각할 수 있으려면 어찌해야 할까
하늘은 대답이 없으나

한겨울에도 여전히 시천侍天의 빛을 지닌
언 땅의 댓잎 바라본다

# 아기 국화

창가에서 시를 읽다
아기 국화잎들을 보았다
한라산 어리목에는
눈이 한 발 넘게 쌓였는데
국화는 아랑곳하지 않고
바싹 마른 뼈대 사이로
초록 손을 꼼지락거리며 올라오고 있었다
꽃 지고 잎 진 뒤
구석으로 밀쳐질 때도
안으로 치열해지는 일만을 생각한 것일까
입에 발린 칭찬에 휘둘리지 않고
매몰찬 말에 상처받지 않고
제가 국화라는 걸
한순간도 잊지 않은 것일까
낙화 이후의 시간과 싸우며
개화 이전의 시간에도 멈추지 않으며

# 저녁

새들처럼
돌아가야 할 곳을 생각하는 저녁

한 해가 저물고 있구나 하는 생각에
잠시 고요해지는 저녁

문득 보고 싶은 얼굴이 떠오르는
섣달 열이렛날 초저녁

# 새벽 세 시

오른발 발등으로
갈라진 왼발 발꿈치를 문지르며
견딜 만하지?
하고 물어본다

새벽 세 시
비가 눈으로 바뀌는 어느 캄캄한 허공
얼면서 아득하게 흩어지는
눈발의 반짝이는 몸을 생각하다

쓸쓸한 왼손으로
오른손 손가락을 가만히 감싸며
괜찮지?
하고 물어본다

# 바람이 분다

바람이 분다
사무치게 분다

이렇게밖에 못해서 미안하다

너를 몸부림치게 해서 미안하다

## 산다음 山茶吟

난세에도 동백은 핀다
세한歲寒의 날 오래 이어져도
동백은 피어 숲을 이룬다
멸문지화를 견디는 그대여
목이 길바닥에 떨어질 때도
품격을 잃지 않는 동백처럼
모멸의 시간을 담대하게 지나는 그대여
삶은 곳곳이 낭떠러지이나
벼랑을 만나 더욱 수려해진
월출산 옥판봉 같은 산도 있으니
바위틈에서도 우뚝하게 살고 있는
팽나무 같은 나무도 있으니
상처 많은 그대여
길이 보이지 않아도 동백은 피고
길이 없어져도 별은 반짝이리니
산다화처럼 피어서
이 세월을 견디시게

나는 유거幽居에서

그대는 유배지에서

## 어떤 꽃


눈 속에서도
뜨거운 열망으로
자신을 밀고 가는 꽃이 있다

계절에 자신을 맞추는 꽃 아니라
꽃 피우는 일을
멈추지 않는 꽃

계절을 불러오는 꽃이 있다

# 페어 스케이팅

정점을 향해 솟구쳐 오르다 넘어졌다
관중들은 넘어지면 끝이라 여기겠지만
넘어지는 일은 자주 있지
세상도 곳곳이 빙판이니까
다시 균형을 잡는 일이 중요하지
아직 경기가 끝나지 않았으니까
다시 허공에 전신을 던지는 거지
넘어지는 일은 언제든 있는 거니까
우리가 선곡한 음악이 아직 흐르고 있으니까
다시 빙판을 밀고 나가는 거지
세상도 순간순간 아슬아슬하니까

## 담양 장아찌

좀 못난 것
좀 덜된 것
복분자 순 원추리 줄기 호도 감 같은 것
어느 하나 버릴 게 없어
갈무리하는 데 공력과 정성 들이면
쓸모없는 것에도 쓸모가 생겨

매실장아찌만 그런가
사람도 그렇잖아
덜 여문 동부 꼬투리든 산초든
저 혼자 익어가는 건
한량없이 기다려주고

독을 품었다 싶은 건
더러 바람도 쐬어주고
햇빛도 만나게 해주고

팔뚝만 한 무가
명태포처럼 얇아질 만큼
세월 지나면

쓴맛이 단맛 되고
성깔은 비워지고 온순해지고
고요한 본성만 남지
곰삭을수록 향과 맛이 깊어지는[*]

[*] 담양 약다식 체험전시관 이순자 관장 말씀.

# 상봉

늙었네

환갑을 넘긴 아들을 만난 아버지의 첫마디였다
이 말 한마디를 하고 부자는 얼싸안고 울었다
강능환(92) 씨가 북쪽으로 떠날 때 아내 뱃속에 있던 아들은 예순두 살이다 그래도 핏줄인지라 굽은 등과 갸름한 얼굴이 닮았다 강 씨는 아버지 얼굴도 모르고 살아온 아들 얼굴을 계속 매만졌다 아들은 그리움에 아버지는 미안함에 하염없이 눈물을 흘렸다 금강산에는 함박눈이 소복이 내렸다 그 눈은 서럽고도 아름다웠다 그러나 내일이 지나면 이승에서는 다시 못 만날 처음이자 마지막 부자 상봉이었다

2014년 2월 21일 금강산 공동취재단

손
Hand

손이 그대를 기억하고 있어요

그대 머리 위에 쌓인 눈을 털 때
손끝에 다가오던 환한 빛

다시 첫눈이 왔어요 라고 말하던
목소리의 두근거림을
손은 아직 기억하고 있어요

그대의 문을 연 게 이 손이었어요
그대의 어깨를 잡은 게 이 손이었어요
그대의 달빛 안으로 들어가며

주뼛거리던 순간들을

놀라움을

촉촉함을

안에서만 폭발하던 뜨거운 별들과
떨리는 마음을 맨 앞에서 끌고 가던 손은

아직도 초승달이 동행해주던
그 밤의
그대를 기억하고 있어요

그 뒤에도 많은 눈이 오고
얼음장 밑으로 강물은 흐르고
우리도 그 자리로부터 먼 곳으로 흘러왔는데

손은 기억하고 있어요

그날 손끝에 닿았던 희디흰 눈과

희디흰 순간의 그대를

# 손

손이 그대를 기억하고 있어요
그대 머리 위에 쌓인 눈을 털 때
손끝에 다가오던 환한 빛
다시 첫눈이 왔어요 라고 말하던
목소리의 두근거림을
손은 아직 기억하고 있어요
그대의 문을 연 게 이 손이었어요
그대의 어깨를 잡은 게 이 손이었어요
그대의 달빛 안으로 들어가며
주뼛거리던 순간들을
놀라움을
촉촉함을
안에서만 폭발하던 뜨거운 별들과
떨리는 마음을 맨 앞에서 끌고 가던 손은
아직도 초승달이 동행해주던
그 밤의
그대를 기억하고 있어요

그 뒤에도 많은 눈이 오고
얼음장 밑으로 강물은 흐르고
우리도 그 자리로부터 먼 곳으로 흘러왔는데
손은 기억하고 있어요
그날 손끝에 닿았던 희디흰 눈과
희디흰 순간의 그대를

## 노래

네가 스무 살이 되었을 때
광활한 벌판이 네 앞에서 너를 기다릴 때
음악이 너를 소나기처럼 적시며 쏟아졌으면

네 인생의 고비 고비를 어렵게 넘어갈 때
눈보라 몰아치는 산맥 사이를 지나갈 때
장엄하고 아련한 노래가 너를 따라가주었으면

고독한 결정을 내려야 할 때
고뇌의 긴 밤 지새고 창문을 열 때
심장을 부드럽게 감싸는 구음口音이 너를 안아주었으면

낯선 곳으로 떠나야 할 때
새롭게 시작하는 일들이 두려울 때
반짝이는 별 몇 개 말고는 네 곁에 아무도 없을 때

빗소리에 섞여 네 흐느끼는 소리 묻힐 때

만나고 헤어지는 일이 생의 마디라는 걸 알게 될 때
그때도 눈물 나는 노래가 네 몸을 다독여주었으면

## 저녁 바다

적멸의 바다에 우리 함께 있었지
우주 전체가 저물고 있는 것처럼 보였지
저녁노을이 하늘 구석구석을 물들이고 난 뒤
찬란한 빛깔로 바다를 덮는 걸 보고 있었지
잔물결들은 거대한 감빛에 젖어 반짝임을 멈추고
갯벌도 끈적거리는 몸을
노을의 천으로 감싸고 있었지
저녁 하늘은 숯불처럼 타오르고 있었지
소멸하는 것들이 만들어내는
황홀함에 오래 젖어 있었지

통곡의 물가에 우리 함께 있었지
달맞이꽃 빛깔 리본을
아픈 가슴 언저리에 달고 흐느껴 울었지
손에 든 흰 국화보다 몸이 더 처절하게 젖었지
용서하라 했다지만
용서처럼 어려운 것도 없었지

분노야말로 따뜻한 탕약과 같았지
평생 지고 가야 할 슬픔을 지닌 이들이
자꾸만 늘어났지

치욕의 들판을 우리 오래 걸었지
실패는 한 번으로 끝나지 않았고
서로의 가슴을 찌르며
하루를 견디는 날도 있었지
길을 찾지 못하는 것보다 더 힘든 일은
누구의 길도 믿을 수 없다는 거였지
길이 오다가 오던 길로
되돌아가는 날도 있었지
비바람 몰아치는 벌판에서
몇 해씩 지리멸렬했지
비에 젖어 그대 손을 놓치는 날도 있었지

오늘도 저무는 바다 앞에 서 있네

지는 해가 저녁 바다에 금빛 유화를 그리는 동안
나는 꿈을 이루지 못한 채 떠난 이들을 생각했네
어둠이 오기 전부터 별은 하나씩 돋아나고
내일도 사람들은 별을 보며 사랑을 다짐하겠지만
간절해도 이룰 수 없는 게 있다는 게
가슴 아팠네
그러나 내일 무엇을 이루는 일보다 소중한 건
오늘 우리가 난바다 앞에 함께 있다는 것
일몰에 흥건히 젖어
최후의 일부가 되어도 좋을 풍경이 되어
함께 있다는 것

# 불

물로 씻은 칼은 깨끗한 칼이지만
불 속에서 단련된 칼은
완전히 다른 칼로 거듭난 것이니
그 칼이 만약 영혼이 있는 칼이라면
거룩하고 뜨거운 영혼이 깃든 칼이라면

# 쉼표


당신은 지금 제 영역을 지나가고 있습니다
저는 스타카토나 포르테처럼
어떤 것을 요구하지 않습니다
음질의 최고치를 보여달라거나
화려한 대사로 사람들을
휘어잡아달라고 요청하는 대목이 아닙니다
한 소절의 뜨거운 음성이 끝나는 곳에서
저는 그냥 가만히 있습니다
저는 당신이 잠시 쉬시기를 바라는 여백입니다
당신의 한 생이 뜨거운 음악일 때도 저는
빈 의자처럼 놓여 있거나
당신 생의 절정이
단편 서사의 긴박한 페이지처럼 치달려 갈 때도
허리 굽은 작은 점으로
군데군데 놓여 있을 뿐입니다
당신에게 무엇을 강요한 적 없고
눈에도 잘 뜨이지 않는

미천한 신분일 뿐이지만
저는 당신이 호흡을 가다듬길 바라는
빈칸입니다
저의 영역을 지나야
생의 다음 소절로 넘어갈 수 있는
한 칸의 휴식입니다
그러나 잠시 제 손을 잡고
저와 함께 멈추지 않으면
그 어떤 아름다운 노래도 완성되지 않는다는 걸
당신도 알고 저도 알고 있습니다
저는 아무 일도 하지 않는
빈 공간일 뿐입니다
당신은 지금 제 영역을 지나가고 있습니다

# 툇마루

해 뜨는 쪽으로 앉은 집이라서 툇마루는 따뜻했다
고의춤에 손을 찌르고는
라디오 연속극 얘기로 몇 시간씩 티격태격하며
놀기 좋았다 외가에 얹혀사는 나 말고도 작은 외삼촌네
여러 남매까지 모여들어 툇마루는 복작대었다
김장김치를 찢어서 보리고추장에 치대며 비빈 밥은
냄비 밑바닥에 눌어붙은 게 맛이 있었다
채워지지 않는 허기의 바닥을 긁어대는 소리와
숟가락 부딪치는 소리 위에
동짓달 햇살이 내려와 반짝이곤 했다
무화과나무는 왜 꽃을 피우지 않는지
다 알려주지 않은 채 누나는 아이를 낳고는 죽었고
외삼촌이 낙상한 뒤부터 가세는 기울기 시작했다
외할아버지의 퉁소 소리를 따라
마구간 쪽으로 날아간 눈발은
말방울을 흔들었고 말들은 그런 겨울밤
발굽으로 마구간 바닥을 소리 나게 긁었다

작은형도 큰형도 외숙모도

쓸쓸히 세상을 뜨는 날이 이어지는 동안

우리도 하나씩 오동나무 우뚝하게 버티고 섰던

가재골 기와집을 떠나야 했다

툇마루는 어디 있을까 밝고 해사하던

겨울 햇살은 어디로 갔을까

어제는 셋째 형이 암 수술을 했다

암 덩이 잘라낸 뒤 잘못되어 재수술했고

폐에 있는 부종도 떼어냈다

형수는 다 자기 때문이라고 한숨을 쉬었지만

눈발은 모른 체하며 병실 밖을 몰려다녔다

툇마루는 어디 있을까

당고개 너머 어느 오래된 골목을 혼자 헤매고 있을까

구석진 곳으로 밀려나 쪼그려 앉은 채

먼 산을 올려다보고 있을까

툇마루에 모여 앉아 콩새보다 더 시끄럽게 조잘대던

날들을 기억하고 있을까 겨울 햇살은

끝
End

눈 내리다 멈추었는데 바람은 멈추지 않았다

강물에도 메밀꽃이 이는 오후
흙빛 플라타너스 잎이 허공으로 솟구쳐 오른다
끝난 지 오래되었는데

나무는 가지 끝에 버리지 않은 걸 지니고 있었다

비어 있는 것의 안쪽을 채우는 광명진언

허무를 끌어안고 그 끝에서
다시 처절하게 시작하는 게 삶이라고
말하는 바람의 독송

당신들도 끝나지 않았다고 말하려고
부활이라 하지 않았는가

흘러오고 흘러가는 짙은 비췻빛 강물 바라보며
빈 가지 끝에 매달려 흔들리는
강가의 겨울나무

마른 나뭇잎 몇 개

아름답다

공허의 끝

그 끝에서 다시 아름다움을 만들어가는 일
우리가 매달리는 필생의 일도 그런 것이다

# 끝

눈 내리다 멈추었는데 바람은 멈추지 않았다
강물에도 메밀꽃이 이는 오후
흙빛 플라타너스 잎이 허공으로 솟구쳐 오른다
끝난 지 오래되었는데
나무는 가지 끝에 버리지 않은 걸 지니고 있었다
비어 있는 것의 안쪽을 채우는 광명진언
허무를 끌어안고 그 끝에서
다시 처절하게 시작하는 게 삶이라고
말하는 바람의 독송
당신들도 끝나지 않았다고 말하려고
부활이라 하지 않았는가
흘러오고 흘러가는 짙은 비췻빛 강물 바라보며
빈 가지 끝에 매달려 흔들리는
강가의 겨울나무
마른 나뭇잎 몇 개
아름답다
공허의 끝

그 끝에서 다시 아름다움을 만들어가는 일
우리가 매달리는 필생의 일도 그런 것이다

# 전화기를 끈다

전화기를 끈다
강의 시간이 다가올 때
가득 흘러넘치는 아침 햇살 속에 정좌한 채
내 몸을 무념의 시간으로 옮겨놓기 전에
생각의 한 올이 주르르 흘러내리는 걸
시의 실타래에 감아올려야 한다고
직감할 때
먼저 전화기를 끈다
산마루 넘는데
자두 같은 저녁 해 꼭지가 떨어져
노을 바다 속으로 천천히 잠기는 게 보일 때
별들이 주일 저녁 미사에 모두 나와
기도하고 있을 때
눈썹달이 푸른 잿빛 하늘에 혼자
칼자국을 내고 있는 게 보일 때
고요에 몰입하고 있을 때
그대에게 몰입할 때

입맞춤의 정중동 속으로
빨려 들어가고 있을 때
미안하지만 전화기를 끈다
전화기를 끈다
참으로 죄송하지만

## 계엄이 있던 겨울

새벽엔 싸락눈이 잠깐 내렸고
하루 종일 흐렸다
내일은 곳곳에 비 뿌린다니
이렇게 계절은 한 걸음씩
차가운 시간의 섶 다리를 건너가나 보다
올겨울은 유난히 춥고 길었다
일주일씩 열흘씩 추위가 길게 이어졌고
감기는 걸렸다 나았다를 되풀이하며 떠나지 않았다
겨울 외투 지퍼를 내려 털모자를 떼어내는 동안
백목련도 두터운 아린芽鱗 안에 들어 있는
보드라운 겨울 꽃눈을 꺼내보려고 꼼지락거리고 있다
이번 겨울이 끔찍한 건 추위보다 계엄 때문이었다
일차 수거 대상 명단에 들어 있는 이들 몇에게
전화를 걸어 점심이라도 같이하자고 했다
시래기비빔밥에 양념간장을 섞고 있을 때
우리가 살해될 수 있었다는 사실에 놀랐지만
더 놀라운 것은

증오가 이렇게 깊다는 것이라고 말하는 이가 있었다
사실인지 아닌지 구분하지 않고
맹목적으로 추종하고 적대하고
확신하는 세상이 된 지 오래지만
배에 태워 백령도쯤 가서 폭사시킨다거나
건물 안에 모아놓고
폭파해서 없앨 계획을 세울 정도로
내가
우리가 처단의 대상이 되었다는 게
가슴 아팠다
갈수록 말이 많아지고 목소리 톤이 높아지자
화제를 바꾸어 음악 이야기를 하자고 했는데
시간이 지나면 다시
그 이야기로 돌아오곤 했다
설해목 베어낸 이야기를 해도
마찬가지였다
전철역 입구에서 악수를 하고 안부를 걱정하며

헤어지는 길

살아 있는 것 자체를 감사하게 여기자고 말하며

우리는 조용히 웃었다

많은 이들의 마음 깊은 곳에

전체주의의 욕망이 꿈틀거리고 있어서

분열과 적대가 사라질 가능성이 없어서

민주주의의 실패

국가의 실패가 반복될지 모른다는 우려 때문에

마음이 돌덩이 같았다

우리의 생도

우리가 오래 축적한 것들도

한순간에 무너질 수 있다는 것

아찔한 순간은 몰상식하게 날아온다는 것

어이없어하다가

순식간에 끝나버릴 수 있다는 것

이런 걸 생각하며 보낸 겨울이 길었지만

내일부터 비가 오면

얼었던 강가의 얼음도 녹고
산비탈 그늘진 곳의 습설도
풀뿌리로 스미며 아래로 내려갈 것이다
그 생각을 하며
흐린 이월 하늘 올려다보았다

작품 해설

# '사이'로 향하는 필생의 시

노지영(문학평론가)

1. 동중정의 삶

키츠John-Keats의 미완성 서사시 「히페리온의 몰락 Fall of Hyperion」(『The Poems of John Keats』)에는 "확실히 시인은 현자이다 / 인본주의자이며, 모든 사람을 위한 의사이다"라는 구절이 있다. 도종환의 열세 번째 시집 『고요로 가야겠다』는 시인의 상을 그려온 오래된 염원이 한 시인의 영혼에 박혀 외화된 것처럼 읽힌다. 구도적 투신을 통해 현자의 통찰을 구하고, 자신과 세계의 슬픔을 매만지는 치유자로 거듭나며, 인간의 고통을 이해하고 오롯이 감당하려 한 인본주의자의 모습이 신작 시집 전반에 어른거리고 있다. 어떤 시구절은 영성이 출렁이는 기도와 같아 반드시 그 구절을 온몸으로 살아내는 시인을 출산한다. 교육자이자 지역운동가, 문화운동가, 정치인, 신앙인, 문학적 철인哲人으로 다사다난하게 살아온 시인의 삶은 언령言靈의 파동 속에서 형형히 빛나며 그가 평생에 걸쳐 그려온 시의 동심원을 여전히 확장 중이다.

  한국 시단에서 도종환 시인만큼 폭넓은 영역에서 활동한 시인은 드물다. 그와 함께하길 원하던 수많은 현장은 유순하고 연한 마음을 가진 시인에게 외면할 수 없는 무수한 고통을 보여주었다. 민족사의 은유가 될 법한 가정환경이 분단의 문제에 눈뜨게 했고, 지역 및 변두리의 약자들이 그를 불렀다. 불합리하게 흘러가던 교육 현장은 다음 세대들의 해맑은 눈으로 그에게 말을 걸었다. 『접시꽃 당신』이란 초유의 베스트셀러는 영화 매체와의 교섭 작용 속에서 대대적인 독서사적 사건으로 시인을 불렀고, 그에게 '사랑'의 의미를 지속적으로 질문하게 하는 구도의 작업을 요청해왔다. 생활 정치에 사력을 다하다 현실 정치까지 몸을 담그게 된 것도 대승적 사랑으로서의 구도를 궁구하라는 내적 명령에 응답한 것일 테다. 정치의 부름을 받은 십여 년 동안 시인은 "너는 왜 거기 있는가"(「시인의 말」, 『정오에서 가장 먼 시간』)를 자신에게 매일 질문했고, 어떤 현장에서도 시적 사유를 쉬지 말아야 한다는 것을 온몸으로 증거해내야 했다. 시인으로서 정치에 가담하면 '중상이거나 최소한 사망'이라는 일반의 조롱 앞에서도 그는 시 쓰는 정치인으로서의 온존한 역할 모델을 독자들에게 인지시켰다.

변곡점이 많은 시인의 생애는 특유의 감응력을 확보하여 고스란히 독자의 폭까지 넓혔다. 시인이자 교육운동가, 정치인으로서 평생 대중 앞에 노출되는 삶은, 자신을 바라보는 독자들과 끊임없이 대화해야 하는 숙명에 순종하는 과정이 아니었을까. 독자와의 사이에 해자를 파고 자신의 성채를 고독하게 지켜온 시인들과는 다른 어법으로 그는 자신의 시적 개성을 만들어나갔다.

사십여 년의 시력을 통과한 그의 작품들은 다채로운 독서 반응과 대화해온 투쟁의 형식이기도 할 것이다. 일거수일투족이 운신 자체에 영향을 주던 1980년대의 교육자 시절부터 시인은 당국의 검열 주체들로부터 시를 난도질당하곤 했다. 한국적인 모티프를 활용해 작품을 창작해도, 일상적인 시재인 자연을 다루고 순애보의 사랑을 이야기해도, 그 이면에 보편성을 초과하는 날카로움이 잠재되어 있어 그의 시들은 벽지로 좌천을 시키는 핑곗거리가 되었다. 대중 독자와 검열 독자의 이중적 시선 사이에서 도종환의 시는 현실적 고난을 내포하고 있는 사랑의 시로 더욱 상징화되었다.

시인의 곡절 많은 삶은 자기 유폐적 글쓰기로 치우치지

않고, 오히려 독자 친화적인(엄밀히는 민중 친화적인) 시적 어법을 구축하는 통로로 작동했다. 투옥 중에 편지와 시의 경계에 있는 작품들을 창작하고, 님의 부재가 주요 모티프가 되는 조시를 울면서 쓰고, 집체극 대본에 시를 삽입해 무대화하며, 테이프에 시를 녹음해 전국 교사들에게 배포하는 등의 다양한 문화적 기획을 꾀한 과정은 시인의 발화 방식에 지속적으로 영향을 주었다. 다수의 평자가 동의하는 도종환 시 특유의 친화력은 개인적, 역사적 고난을 겪는 과정에서 담금질되어온 산물이지, 저절로 생겨난 게 아니다. "친근한 어조" 또한 "시인이 의도적으로 만들어낸 결과"(『시 쓰기 안내서』)라는 메리 올리버Mary Oliver의 말처럼 그의 온화한 시적 어법은 세계와 눈 맞춤해온 또렷한 발성인 것이다. 시인의 치열하고 고초 가득한 삶은 외려 거칠고 위용 가득한 언어들을 정제하는 적극적 몸부림으로 나타났다. 가장 연한 존재들이 "외피가 돌처럼 딱딱한 벚나무"(「부드러운 시간」)에서 새로 솟아나듯, 그는 거칠고 단단한 현실들을 뚫는 가장 고요하고 '부드러워진' 세계에 관심을 기울였다.

신작 시집 『고요로 가야겠다』는 도종환이 그간 출간한 모든 시집을 통틀어 가장 부드럽고 다정한 형식의 시집이 되지 않을까 한다. 작년에 출간한 시집 『정오에서 가장 먼 시간』의 표제부터가 가장 어둡고 살벌하게 싸우는 맹금류의 시간을 지시하고 있었다면, 신작 시집 『고요로 가야겠다』는 현실의 거세고 포악한 바람을 멈춰 세우고 우리를 '고요'하게 하는 부드러운 시간들로 초대한다.

고요를 말하는 시인들이 없지 않지만, 도종환의 고요는 격렬한 오탁악세伍濁惡世의 소요를 온몸으로 견뎌낸 동중정動中靜의 고요라 더욱 깊고 정한 느낌을 준다. 단정하고 또 다정하다.


2. 고요로 가는 방식

『고요로 가야겠다』는 시의 배치 방식부터 이색적이다. 표지를 열면 '이월'이란 제목이 백색 페이지에 홀로 단정히 자리하고, 우측 페이지는 암흑으로 들어선 듯 새까맣다. 왼쪽에서 오른쪽으로 시선을 옮기면 마치 선가의 명상 속에 들어서는 기분이다. 가만히 눈을 감으며 어둠을 환대하듯이, 바깥세상은 시집 속에서 잠시 암전된다. 생각이 밖으로 나가거나 흩어지지 않은 상태에서 '여는 시'의 첫 문장이 검은 바탕 위로 떠오르면, 그 문장에 오롯이 머무르는 묵상의 시간이 열린다. 한 문장에 적절히 멈춰 있다가 다음 페이지를 펼치는 일은 명상 인도자의 육성을 듣는 체험 그 자체다. 페이지마다 맺힌 문장 속에 머물며, 독자들은 그간 시라는 양식조차도 지나치게 빠른 속도로 읽어왔던 자신의 호흡을 알아차리게 된다. 산문적 읽기의 속도에 함몰되어 시구에 온전히 머물 줄 몰랐던 자신을 깨닫는 체험이다.

명상의 그루터기가 될 만한 시들을 골라 물리적으로 페이지를 나눠서 배치한 방식은 독자들을 행간에 깊이 머물게 하여 고요와 관계 맺게 한다. 단독 배치된 시행은 기존 독서의 템포를 유예시키고, 하나의 시행을 깨우침을 드러내는 개개의 선언으로 전환시키곤 한다. 독자들은 분할된 페이지로 더 길어진 휴지休止를 통해 제시된 시구를 자기 경험과 결합하고, 더 오래도록 특정한 시행과 교감하며, 자기만의 시적 호흡을 찾아간다.

이 시집은 통상적인 4부 구성을 따르지 않는다. 사유의 풋대가 되는 시들을 중심으로 크고 작은 여덟 개의 덩어리로 구성되어 있다. 8부 형식이라기보다, 여덟 가지의 화두가 독자들에게 던져졌다고 표현하는 편이 적절하겠다. 각 부의 표제인 「이월」, 「고요」, 「달팽이」, 「슬픔을 문지르다」, 「사랑해요」, 「당신의 동쪽」, 「손」, 「끝」은 사유의 방을 하나씩 여는 고요의 문처럼 느껴진다. 시집은 자연화된 독서 흐름에 따라 단숨에 읽히지 않도록, 여덟 개의 묵상 공간을 개방한다. 하나의 건축물처럼 존재하는 이 시집에서 시를 마주하는 경험은 마치 전시관에서 미술 작품을 감상하는 것과 같다. 여덟 개의 전시관이 있는 묵상 공간을 거닐며 감상의 동선을 다양하게 변주하고, 시행 사이의 여백을 음미하는 것이다. 감상자는 자신을 깊이 장악하는 푼크툼punctum이 되는 시구 앞에 오래 머무르며, 자신만의 만트라mantra가 되는 한 구절을 마음에 모시기도 할 것이다.

　바람이 멈추었다
　고요로 가야겠다
　-「고요」 중에서

시집의 표제가 들어 있는 「고요」의 첫 구절이다. 독자들은 새까맣고 널따란 여백 위에 하얀 글씨로 인쇄된 문장, "바람이 멈추었다 / 고요로 가야겠다"를 만난다. 시의 앞뒤에서 두 번이나 반복되는 이 구절은 폴 발레리의 시 「해변의 묘지」 속 '바람이 분다 살아봐야겠다'는 유명한 구절과 겹쳐 읽힌다. 발레리의 시구절이 거센 바람 앞에서도 생에 대한 의지를 드러내려는 자들이 반복적으로 되뇌는 결단의 만트라라면, 도종환의 그것은 수동적으로 우리를 휩쓸어버리는 정념들을 멈춰 세우고, 능동적으로 고요와 성찰의 시간으로 가겠다는 단단한 선언으로 다가온다. 번역의 차이가 있을 수 있으나 두 시구절에서는 '~야겠다'는 결심의 표현이 공통적으로 쓰이고 있는데, 이는 현재 상태에서 벗어나 미래의 가능성을 믿어보려는 다짐과도 같다. 발레리가 바라본 현재는 풍파 가득하여 여전히 살기에 고단한 현실이고, 도종환이 바라보는 현재는 여전히 소요 가득한 아수라장의 속세다.

시인은 세속의 소음을 차단하고 완벽한 적막의 세계로 들어가고 싶은 것일까. 오래전 시인은 보은의 작은 산방에서 자기만의 망명정부를 세우며 수년간 몸의 치유와 시 쓰기에 몰입한 적 있었다. 그러나 세간의 고통들과 진하게 호흡한 시인이 다시 속세와 완벽히 단절된 성채로 2차 망명을 떠날 것 같지는 않다. 그보다 시인은 현재의 소요를 외면하지 않으면서도, 그 소요로 인해 자기 영혼의 상태를 더 잘 발견할 수 있는 '사이'의 공간을 만드는 것에 더 주력하는 듯하다.

그 사이의 공간을 '겠'의 공간이라 이름하면 어떨까. 온전히 홀로 쓰일 수 없는 선어말어미지만, '가다'라는 동사와 종결의 어미 사이에서 미래를 향하고 있음을 보여주는 선어말어미 '겠'은 세간과 출세간의 '사이'에 끼어 있는 시인의 위치를 적절히 보여주는 표지처럼 느껴진다. 시인은 영혼이 한쪽으로 치우쳐 균형을 잃지 않도록 분투하면서도, 더 선하고 나은 쪽으로 '가겠다'는 의지를 '겠'의 불안정한 자리로 표현해왔다. 소요 속에서 앞으로 가기만 한다면 자기의 선한 영혼을 보존하기 어렵고, 소요를 외면한 채 고요의 상태에만 칩거해 있으면 목소리 큰 자들에게 억눌리는 약자들의 목소리를 듣기 어렵다. 고요와 소요는 서로를 여의지 않고, 상호 연루되어 있는 개념이다. 소요란 고요에 몰입하게 된 원인이자, 고요를 인식하게 하는 계기인 것이다. 산란한 마음을 멈추고, 고요한 마음으로 자신을 지혜롭게 관찰하는 지관止觀 수행을 해나갈 때도, 그래서 시인은 고요 속에서 세속의 그림자를 관찰해낸다. 고요는 "내 안에 오래 녹지 않은 얼음덩이와 / 그늘진 곳을" 품고 있으며, "비겁하고 창피하고 나약한 / 수천 페이지의 문장들"을 간직하여 바라보게 하는 동인이다.

고요의 영역은 "지금 이대로도 괜찮지만" "아직도 해야 할 일이 있고 / 가야 할 길이 있다고" 알려주는 길잡이가 되곤 한다. 그래서 시인은 시의 말미에서 다시 한번 고요로 '가야겠'다고 말한다. 개인의 깨달음으로 다다르는 소승적 고요함을 넘어서 만물과 어울리며 자재自在하는 대승적 소란함까지 고요는 포월匍越하고 있는 듯 보인다. 마지막 시구로 등장하는 "고요로 가야겠다"는 표현은 단순한 반복과 강조를 넘어서 남다른 무게를 가질 수밖에 없다. 고요와 소요의 사잇길을 출렁이며 가'겠'다는 "생"으로의 지속을 예시하기 때문이다. 시인은 "고요의 끝"에서 더 깊은 고요의 방향으로 기어이 가야'겠'는 사람이다.

### 3. 이월에서 이월로

시인이란 인지되지 않은 질서를 새로운 질서로 제안하는 입법자다. 시인의 '가야'겠'는 마음은 기존의 익숙한 관념을 도색하여 새로운 주기를 제시하는 작업으로 이어진다. 이 시집은 「이월」이란 제목의 시에서 시작하여 '이월'(「계엄이 있던 겨울」)의 풍경을 담은 시로 마무리되고 있다. 그레고리력과 같은 표준달력이 엄동설한의 일월로 시작되는 것과 달리 시집 안에서는 이월로 시작되는 공전公轉의 생태가 자연의 주기로 펼쳐진다. 시작하는 달이 이월로 옮겨졌으니 일 년의 순환 속에서 마무리하는 달도 이월이 된다.

한 권의 시집에서 첫 시와 마지막 시의 배치는 단순한 시작과 끝이 아니다. 여는 시는 시인의 세계관으로 진입하는 문이 되고, 닫는 시는 그가 가고자 하는 세계를 암시하는 역할을 하곤 한다. 그렇다면 시집의 시종을 관통하는 '이월'이란 어떤 속성을 가지고 있을까. 통상적인 시작을 표상하는 '일'도 아니고, 완전한 수로 여겨지는 '삼'도 아닌 '이'라는 숫자는 불안정한 중간계를 상징한다. 그러나 이월은 겨울과 봄 사이에 끼어 있는 기계적 시간만은 아니다. 겨울의 혹독함이 현존하지만, 봄의 도래를 준비하는 운동성으로 충

만한 시간이다. 겨울과 봄이 길항하며 공존하는 경계에 있되, 이월은 "마음을 한결 가볍게 해주는" 방향으로 조금씩 변화되고 있는 시간인 것이다.

  입춘이 지나갔다는 걸 나무들은 몸으로 안다
  한문을 배웠을 리 없는 산수유나무 어린것들이
  솟을대문 옆에서 입춘을 읽는다
  이월이 좋은 것은
  기다림이 나뭇가지를 출렁이게 하기 때문이다
  태백산맥 동쪽에는 허벅지까지 습설濕雪이 내려 쌓여
  오르고 내리는 길 모두가 막혔다는데
  길가의 나무들은 크게 동요하지 않는 눈치다
  삼월도 안심할 수 없다는 걸 알지만
  이월은 마음을 한결 가볍게 해주는 무엇이 있다
  녹았던 물을 다시 살얼음으로 바꾸는 밤바람이
  위세를 부리며 몰려다니지만
  이월이라 생각하면 마음이 편해진다
  지나온 내 생애도 찬바람 몰아치는 날 많았는데
  그때마다 볼이 빨갛게 언 나를
  나는 순간순간 이월로 옮겨다 놓곤 했다
  이월이 나를 제 옆에 있게 해주면 위안이 되었다

오늘 아침에도 이월이 슬그머니 옆에 와 내가
바라보는 들판의 푸릇푸릇한 흔적을 함께 보고 있다
- 「이월」 전문


시인이 계절을 감각하는 장소는 벽지의 선사가 아니라 한 마을의 "솟을대문" 근처다. 언젠가 윤동주 또한 "내를 건너서 숲으로 / 고개를 넘어서 마을로" 가는 길을 "새로운 길"(「새로운 길」)이라 하지 않았던가. 도종환의 시선도 사람과 자연이 적절히 어울리는 마을 인근에서 멀지 않다. 그곳에서 시인은 문자에 대한 학습 없이도 "입춘을 읽는", 즉 자신의 내재적 법칙에 따라 꽃을 피우는 "산수유나무"를 바라본다. 산수유나무는 계절의 변화를 "몸으로" 알아채며 자신의 존재를 지속적으로 유지시키려는 생명의 힘을 보여준다. 겨우내 미동도 없었던 가지 끝이 기다림으로 "출렁"이는 일은 스피노자Benedictus de Spinoza식으로 말하자면 자기 보존의 힘인 코나투스conatus적인 능동성을 최대화하여 자신의 '역량potentia'을 증대시키려는 존재론적 이행이라 할 수 있을 것이다. 물론 존재의 역량을 확장하려는 노력을 방해하는 외부의 힘도 있다. 이월이란 계절에는 "습설"이나 "살얼음", "밤바람" 같은 외력들이 여전히 존재하여 봄을 위협한다.

그러나 존재를 가능태로 변용시키는 생명의 힘 자체가 화자에게 '위안'으로서의 감정을 주는 것은 부인할 수 없다. '이월'이란 계절은 존재의 역량이 증대되고 있음을 느끼는 기쁨의 정서와 연결되어 있는 것이다. 활동력을 떨어뜨리고 보다 더 적은 충만함으로 이끄는 감정이 슬픔이라면, 자연의 활동력이 최소화되는 일월이란 시간은 확실히 슬픔의 감정과 연계되어 있다. 따라서 일월이란 달로부터 한 해를 시작하는 것은 수동적 슬픔으로 시작되는 원환을 그려가는 수용적 삶이 될 것이고, 이월이란 달로부터 한 해를 시작하는 것은 잠재된 능동적 기쁨을 품은 채 일 년의 원환을 그려나가는 생성적 삶에 가까울 것이다. 시인은 혹한의 일월과 양춘화기가 퍼지는 삼월 '사이'에 끼어 있는 이월을 '옆'에 둔 채, '끝'나 보였던 세계가 다시 계절의 부름에 응답하는 순간들을 바라본다.

  민주주의의 실패
  국가의 실패가 반복될지 모른다는 우려 때문에
  마음이 돌덩이 같았다
  우리의 생도
  우리가 오래 축적한 것들도
  한순간에 무너질 수 있다는 것
  아찔한 순간은 몰상식하게 날아온다는 것

어이없어하다가

순식간에 끝나버릴 수 있다는 것

이런 걸 생각하며 보낸 겨울이 길었지만

내일부터 비가 오면

얼었던 강가의 얼음도 녹고

산비탈 그늘진 곳의 습설도

풀뿌리로 스미며 아래로 내려갈 것이다

그 생각을 하며

흐린 이월 하늘 올려다보았다

—「계엄이 있던 겨울」 중에서

    시집을 닫는 시에서도 '이월'의 풍경이 그려진다. 사계절을 거쳐 다시 겨울을 맞는 화자는 과거의 혹독한 시간을 재차 대면한다. "추위보다" 끔찍한 계엄은 도종환의 생애 속에서 이미 통과한 적 있는 사건이다. 시인 스스로가 "내 인생은 광주 이전과 광주 이후로 갈라졌"(「광주라는 내 인생의 갈림길」, 『꽃은 젖어도 향기는 젖지 않는다』)다고 회고할 정도로 1980년대의 계엄은 시인에게 시적 원체험으로 자리 잡고 있다. 광주항쟁 당시 시인은 전투경찰로 군 생활을 하게 되어, 광주의 시민군들을 진압하는 작전에 무참히 동원되었다. 군인의 신분으로 상부의 명령을 거부할 수도, 그렇다고 시민

군을 쏠 수도 없었던 시인은 "탄창을 눌러서 빼고 맨 위에 있는 실탄을 거꾸로 장전해서 밀어 넣"(「가을의 감정」,《시와 시학》)는 행동을 하면서 지독히도 위험한 밤을 보낸다. 설령 방아쇠를 당길지라도 총알이 거꾸로 들어가 있으면 격발을 막을 수 있기에 번민을 거듭하며 스스로 비공非攻의 장치를 고안한 것이다. 차마 누군가를 쏠 수 없는 마음은 실탄을 자기 방향으로 돌려놓아 장전하는 행동으로 이어졌다. 무시무시한 억압의 질서 속에 피투된 청년 군인들이 타인을 해하지 않는 방식의 실존적 기투를 감행했기에, 지금의 우리에게 오월이란 계절은 쓰라린 항쟁이면서도 여전히 봄일 수 있다.

엄혹한 시기를 고통스럽게 보냈던 경험이 있기에 시인은 세상이 '더 따스한 쪽으로' 변화하고 있다는 신뢰를 놓지 않는다. 현재의 위태로운 실패를 심각하게 고뇌하면서도 결론은 매한가지다. "내일부터 비가 오면 / 얼었던 강가의 얼음도 녹고 / 산비탈 그늘진 곳의 습설도 / 풀뿌리로 스며 아래로 내려갈 것"이라는 믿음은, 겨우내 정지된 듯 보였던 자연이 필연적으로 변용되면서 제 질서를 찾아가는 것을 목격한 적 있었던 경험자의 지혜에서 온다. 확실히 생 체험을 여과하여 나온 현자의 문장들은 그 어떤 미사여구보다 믿음직스럽다.

4\. 연하고 다정한 것들의 사이

이월과 이월 사이에는 자연의 미세한 변화를 알리는 '절기節氣'의 시간이 빼곡하다. 시인은 소한, 대한 입춘, 춘분, 청명, 곡우 등의 절기를 겪으며 시간과 시간 사이에서 자연이 들려주는 메시지를 겸허히 듣는다. 그리고 가장 연한 것들이 영혼의 능력을 풀어놓아 새로운 아름다움을 발현하는 시기, 즉 할 수 없던 것들이 할 수 있는 것들로 변용되는 '사이'의 계절에 특히 주목한다.

꽃 없는 나무들은 이미 자기 생의 가장 빛나는
연두를 밖으로 불러냈고
연분홍과 어우러져
올해의 가장 아름다운 풍경을 빚어냈어요
곡우 무렵의 이 빛나는 풍경을
그대에게 보내고 싶어요
출렁이는 초록 물빛과 꽃잎으로 눈을 씻고
연둣빛과 연분홍을 가슴에 채우면 좋겠어요
그대 마음에 연둣빛 물이 들면 좋겠어요
- 「곡우 무렵」 중에서


한갓 나무에 지나지 않는 제게도

당신께 전하고 싶은 말이 있어서

이런 빛깔로 당신 앞에 왔어요

당신은 읽을 수 있겠죠

연둣빛 제 전부를

-「연두」중에서


새로운 것은 유연하다


우듬지 제일 높은 곳에서

한 뼘 더 올라가는 잎은

강한 잎이 아니라

몸이 부드러워진 잎이다


내가 좋아하는 겨울 백양나무도

부드러운 이면을 지니고 있다

-「부드러운 시간」중에서


"자연을 사랑하는 사람은 여전히 내부와 외부의 감각들이 진실로 서로 순응되어 있는 사람"(「자연」, 『랄프 왈도 에머슨: 자연』)이라는 에머슨Ralph Waldo Emerson의 말처럼, 시인의 유순한 시선은 외부의 연한 것들과 곧잘 상응되곤 하는 것

같다. 도종환의 시에는 연하고 부드러운 자연물이 자주 등장한다. 연한 것이란 강하고 진하고 분명한 것들의 '사이'에 존재하는 것이다. 예를 들어, '아무것도 없음'의 세계와 '진초록'의 세계 사이에 자리하는 "연두"가 그러하다. 그것은 가장 부드러운 빛깔과 연약한 질감을 통해 새로움의 기미를 전해준다. 짙은 초록이 아닌 "연두", 만개한 진홍이 아닌 "연분홍"이라는 빛깔을 통해 시인은 정점으로 치달은 것만이 아름다움을 독점하는 세계에 질문을 던진다. 그러면서 연두와 연분홍이 관개체성trans-individuality을 보이며 어우러져 있는 것을 "올해의 가장 아름다운 풍경"으로 찬한다. 연한 것들은 조화하기 쉽고, 균형의 미를 찾아가는 데에도 유리하기 때문이다.

  시인은 순한 식물성을 가진 자연을 주요한 시적 소재로 다루고 있지만, 동물, 인간, 천지의 두두물물頭頭物物을 흥미로운 관계로 엮어내는 데도 탁월하다. 다음의 시를 보자.

  일곱씩 열씩 모여 떠들며
  한 끼의 식사를 위해 몰려가는
  점심시간의 마포나루나 강 건너 여의도
  또는 구로동 골목에서 물새들을 본다
  간혹 물가 빈터에 세운 운동장에서

축구 경기를 보며 함께 소리 지르고

함께 날개를 세우는 군무를 볼 때도 있고

어두운 허공에 촛불을 밝히고

몇십만 마리씩 무리 지어 나는 새 떼들의

흐르는 춤을 볼 때도 있다

새들이 추는 춤은

군무가 제일 아름답다

독수리가 되어야만 살아남는 건 아니다

가창오리나 쇠기러기들도 아름답게 살아간다

그들도 자연의 적자가 되어

얼마든지 씩씩하게 살아간다

− 「군무」 중에서

"맹금이 되지 않으면 살아남지 못한다는" 적자생존의 자연법칙이 통념화되어 오늘날은 사회적 다위니즘이 득세하는 시대가 되었다. 그러나 주변 모두를 제압하고 최적자 the fittest가 되는 것만이 치열한 경쟁에서 살아남는 방식은 아니라는 걸 이 시는 이야기해준다. "어떻게 해야 살아남고 / 어떻게 함께 날개를 움직여야 / 대륙과 큰 바다 너머 / 새로운 물가를 찾아갈 수 있는지 알고 있는" 군상들은 맹금의 "독무"만을 따라 하지 않는다. 가창오리나 쇠기러기떼처럼, 도

심에서 어울리는 상호 존재interbeing들은 곳곳에서 함께 일을 하기도 하고, 같은 편을 응원하기도 하며, 적합하지 않다고 생각되는 결정에 "촛불을 밝히는" 군무를 보여주기도 한다. 이들은 연약함을 연대의 힘으로 이겨내며, 자연에 보다 적합한 자, 적자the fitter가 되어간다. 『다정한 것이 살아남는다』(브라이언 헤어, 버네사 우즈)는 책 제목처럼, 좀 더 따뜻하고 다정하게 어울리는 세상으로 가야겠다는 마음이 이들을 자연에 적합한 자로 만드는 것이다.

도종환의 시에는 작고 연약하고, 뒤늦은 것들이 가득하지만, 그 모든 존재는 살아 숨 쉬며 저마다의 의지와 목소리를 가진 채 등장한다. 시인에게 세계의 삼라만상은 감정이나 의식, 생명을 가진 유정有情한 존재로 표현될 때가 많다. 식물학자 로빈 월 키머러Robin Wall Kimmerer가 자연물의 생명 됨을 '유정성의 문법grammar of animacy'(『향모를 땋으며』)으로 표현하였듯이, 도종환 시의 자연물과 사물들, 시간들은 단순한 그것it으로 환치되지 않은 채 살아 있는 누군가who로 화하곤 한다. 그것은 일반적인 사고방식 속에서 의인화를 통해 재현되는 실감의 범위를 초과한다. 특히 도종환 시에서는 자연, 사물들, 관념들이 친근한 존재kin나 스승처럼 말하는 존재로 표현되는 경향이 있다. "젖은 꽃잎"이 말을 한다든가, 도토리가 "새싹을 밀어 올리며 던진 첫마디 말은 무엇이었을까"(「도토리」)를 생각한다든가, 고요가 "아직도 내 안에 / 퇴색하지 않고 반짝이는 것과 / 푸른 이파리처럼 / 출렁이는 것이 있다고도 일러준다"(「고요」)든가, 바람이 "내게 와 무슨 이야기인가를 / 하고 싶어 하는 게 보였다"(「저녁」) 등등의 방식으로 말이다. 그 외에도 "이월이 나를 제 옆에 있게 해주면 위안이"(「이월」) 된다든가, "눈물이 나를 위해 애통해"한다든가(「피」) 등등 시집에는 무정하다 여겨지는 존재들에게 덧씌운 수많은 감정의 표현들이 발견된다. 기성 언어의 한계를 벗어나 존재를 다르게 예우하는 경물敬物의 용법을 제시하는 것이다.

생명들과 다정하고 친근한 관계가 형성되면 사물/자연들과 인간의 관계는 동등하게 배치될 수밖에 없다. 관계가 재편된 세계 속에서는 "지구가 하루 한 번 / 반대편 쪽으로 돌아눕는"(「저녁」) 것조차 고마워하는 마음이 생긴다. 그들에게서 받은 것들을 시화하여 아름답게 되돌려주려는 보답의 마음도 깊어지리라. 그런 의미에서 이 시집은 "누구에게나 배우는 자"(「현자」)가 자연에게 돌려준 호혜적 헌사라 할 수 있다.

5. 균형의 시, 중용의 시학

도종환 시인의 최근 행보를 두고, 정치인의 삶을 내려놓고 '문학으로 돌아왔다'는 표현을 쓰는 경우들이 있다. 그러나 엄밀히 말해 그는 문학으로 돌아온 게 아니다. 실제로 시인은 단 한 번도 문학을 떠난 적 없었고, 문학의 '끝'이라고 여겨질 정치판에서도 선한 정치인이 되는 것과 꾸준히 시를 쓰는 것 사이의 긴장을 놓지 않았다. 그 긴장의 산물 중 하나가 바로 이번 시집 『고요로 가야겠다』이다.

한 인터뷰(《공감신문》)에서 도종환 시인은 김광규 시인의 「생각의 사이」를 읊은 적 있다. "시인은 오로지 시만을 생각하고 / 정치가는 오로지 정치만을 생각"하면 "이 세상이 낙원이 될 것 같지만 사실은" "시와 정치의 사이 / 정치와 경제의 사이"를 "생각하는 사람이 없으면 다만 // 휴지와 / 권력과 / 돈과 / 착취와 / 형무소와 / 폐허와 / 공해와 / 농약과 / 억압과 / 통계가 // 남을 뿐이다"라는 시구절이다. '시'와 '정치'가 '휴지'나 '권력'의 양태로 귀결되지 않기 위해 사이의 사유를 멈추지 않은 도종환은 십여 년을 정치판에 머물렀으나 정치인이기만 한 적이 없었으며, 사십여 년을 문학장에 머물렀으나 시인이기만 한 적이 없었다. 현실의 요구와 시의 모색 사이를 오가며 부단히 자신이 할 수 있는 일을 찾았다.

평소에 시인이 마음에 되새겨온 법정스님의 말씀은 그러한 '사이'의 균형을 잘 보여준다. 깨달음에 이르는 두 가지

길에는 "지혜의 길"과 "자비의 길"이 있는데, 하나는 "참선하고 명상하며 수행하는 길"이요, 다른 하나는 "사랑을 실천하는 길"(「순례의 먼길」, 『문학동네』 26)에 있다는 것이다. 도종환의 시에서 구도의 지혜와 세속에서의 자비는 '필생'의 시로 날아오르게 하는 양 날개가 되어온 듯하다. 지혜는 자비를 두텁게 하고, 자비는 지혜를 새롭게 하여, 시인의 시와 삶이 진공묘유眞空妙有의 균형을 이룰 수 있게 하였다. 망념을 벗어나 이치로 들어가는 '이입理入'의 과정과 자각한 이치를 삶으로 실천하는 행입行入의 영역은 시인에게 둘이 아니다.

그 사이에서 균형을 찾는 일을 시인은 여러 곳에서 강조해왔고, 그것은 시적 방법론이 되기도 하였다. 도종환의 한 회고록 말미에는 "치열하되 거칠지 않은 시, 진지하되 너무 엄숙하지 않은 시, 아름답되 허약하지 않은 시, 진정성이 살아 있되 너무 거창하거나 훌륭한 말을 늘어놓지 않는 시를 써야겠다"(「세 시에서 다섯 시 사이」, 『꽃은 젖어도 향기는 젖지 않는다』)는 각오가 결연히 드러나 있다. 이번 시집 『고요로 가야겠다』의 시편들에는 그러한 각오를 실현하며 '중용의 시학'을 모색해온 흔적이 다채롭다.

생각해보면 우리가 만나는 시들 중에는 균형이 지나치게 깨진 경우가 적지 않다. 절제가 지나치면 난해해지고, 반대로 절제가 부족하면 언어가 흐트러진다. 자기 목소리를 극단적으로 드러내면 교만과 무모함으로 비치고, 제대로 드러내지 못하면 비겁함이 될 때도 있다. 그러므로 시대적 상황에 맞는 '시중時中'을 찾아가는 것, 하나의 지점에 정지되지 않고 부단한 과정과 이행 속에서 시의 균형을 찾아나가는 것, 즉 공변하는 세상 속에서 자신의 고유하고 적절한 실천이 무엇인지 고민하며 시적 훈련을 이어가는 것이 중요하리라. 이 시대에 아직 문학적 철인이 있다면 분명 그와 같은 일에 분투하고 있을 것이라 믿는다. 시인이 "매달리는 필생의 일"(「끝」)도 그런 모습으로 오래전에 시작되지 않았던가. 시를 통해 '가야겠다'고 마음먹은 영역이 있는 한, 양 날개로 균형을 잡아나가는 일은 시인에게 평생 끝낼 수 없는 과제가 될 것이다.

**시인의 말**

／

몸이 아파서 여러 날을 끙끙 앓는 때가 있지요. 그렇게 누워 있다가 천천히 열이 내리는 게 느껴지면서 손으로 땀 젖은 머리칼을 쓸어 넘기는 순간이 찾아오지요. 몸이 회복되는가 보다 하고 느끼는 순간입니다. 그런 회복의 시간처럼 시도 내게 옵니다. 시는 마음이 회복되는 과정에서 만난 언어입니다.

우리의 하루는 분주한 일들로 채워져 있습니다. 지치도록 일하면서 마음도 같이 지칩니다. 뜻하는 대로 일이 잘 풀리는 경우도 있지만, 뜻대로 되지 않는 때가 더 많습니다. 불안과 두려움과 절망과 체념과 환멸로 이어지는 시간도 많습니다. 그게 다 마음이 아픈 순간들입니다. 그런 순간들이 회복되기 위해서는 고요와 만나는 시간이 있어야 합니다. 나에게 혼자 있는 시간을 주어야 합니다. 지친 나, 아픈 나를 데리고 고요로 가야 합니다.

칠레의 시인 파블로 네루다는 시가 나를 찾아오는 순간에 대해 이렇게 말합니다. "밤의 가지들로부터 / 느닷없이 타인들 틈에서 / 격렬한 불길 속에서 / 혹은 내가 홀로 돌아올 때 / 얼굴도 없이 저만치 지키고 섰다가 / 나를 건드리곤 했다."

내가 홀로 돌아오길 기다리면서 저만치 지키고 섰다가 나를 건드리는데, 그럴 때 내 영혼 속에서 꿈틀거리는 게 있고, 그 꿈틀거림을 해독하며 고독해지는 순간에 첫 행을 썼다고 합니다.

나도 그랬습니다. 격렬한 불길과 상실과 고뇌에서 빠져나와 혼자가 되었을 때 시가 나를 툭툭 건드리곤 했습니다. 이 시집에 실린 시들 중에는 마음이 아픈 채로 있다가 천천히 회복을 향해 움직여 가면서 만난 시들이 많습니다. 마음의 고열로 고통받다가 회복한 시간만큼 시를 씁니다. 시 열 편을 썼다는 것은 열 번 치유받았다는 것입니다. 시 스무 편을 썼다는 것은 마음이 스무 번 정상적인 상태로 돌아왔다는 것입니다.

고요와 만나길 권합니다. "타인들 틈에서 / 격렬한 불길 속에서" 빠져나와 혼자 돌아오길 권합니다. 거기 시가 있습니다.

고요로 가야겠다
ⓒ 도종환, 2025

초판 1쇄 발행 2025년 11월 10일
초판 2쇄 발행 2025년 11월 28일

지은이  도종환
기획실  정진우 정재우
주간  김종숙 | 편집  김은혜 정소영 김혜원
디자인  강희철 | 마케팅 홍보  고다희
디지털콘텐츠  구지영 | 제작 관리  윤준수 고은정 이원희

펴낸곳  열림원 | 펴낸이  정중모 방선영
출판등록  1980년 5월 19일(제406-2000-000204호)
주소  경기도 파주시 회동길 152
전화  031-955-0700 | 팩스  031-955-0661
홈페이지  www.yolimwon.com | 이메일  editor@yolimwon.com
페이스북  /yolimwon | 트위터  @yolimwon | 인스타그램  @yolimwon

ISBN  979-11-7040-358-6  03810

\* 저자와 출판사의 서면 허락 없이 내용의 일부를 무단 사용하거나 발췌하는 것을 금합니다.
\* 책값은 뒤표지에 있습니다. 잘못된 책은 구입하신 곳에서 교환해드립니다.